Sensibilización en género y planes de igualdad. CTRI0009

Alicia Jiménez García

ic editorial

Sensibilización en género y planes de igualdad. CTRI0009
© Alicia Jiménez García

1ª Edición

© IC Editorial, 2025

Editado por: IC Editorial
c/ Cueva de Viera, 2, Local 3
Centro Negocios CADI
29200 Antequera (Málaga)
Teléfono: 952 70 60 04
Fax: 952 84 55 03
Correo electrónico: iceditorial@iceditorial.com
Internet: www.iceditorial.com

IC Editorial ha puesto el máximo empeño en ofrecer una información completa y precisa. Sin embargo, no asume ninguna responsabilidad derivada de su uso, ni tampoco la violación de patentes ni otros derechos de terceras partes que pudieran ocurrir. Mediante esta publicación se pretende proporcionar unos conocimientos precisos y acreditados sobre el tema tratado. Su venta no supone para **IC Editorial** ninguna forma de asistencia legal, administrativa ni de ningún otro tipo.

Reservados todos los derechos de publicación en cualquier idioma.

Cualquier forma de reproducción, distribución, comunicación pública o transformación de esta obra solo puede ser realizada con la autorización de sus titulares, salvo excepción prevista por la ley. Diríjase a CEDRO (Centro Español de Derechos Reprográficos) si necesita fotocopiar o escanear algún fragmento de esta obra (www.cedro.org).

Según el Código Penal, el contenido está protegido por la ley vigente que establece penas de prisión y/o multas a quienes intencionadamente reprodujeren o plagiaren, en todo o en parte, una obra literaria, artística o científica.

ISBN: 978-84-1184-866-4
Depósito Legal: MA 860-2025

Impresión: PODiPrint
Impreso en Andalucía - España

Nota de la editorial: IC Editorial pertenece a Innovación y Cualificación S. L.

Especialidad formativa

Se entiende por especialidad formativa la agrupación de contenidos, competencias profesionales y especificaciones técnicas que responde a un conjunto de actividades de trabajo enmarcadas en una fase del proceso de producción y con funciones afines.

Las especialidades formativas de Uso General, Formación Complementaria, Formación Modular y las especialidades formativas dirigidas a la obtención de certificados de profesionalidad se incluyen en el Fichero de Especialidades del Servicio Público de Empleo Estatal para su gestión en todo el territorio nacional por cualquier Administración competente.

Las especialidades complementarias, pertenecen todas a la Familia profesional de Formación Complementaria (FCO) y tienen la consideración de formación transversal en áreas que se consideran prioritarias tanto en el marco de la Estrategia Europea para el Empleo y del Sistema Nacional de Empleo como en las directrices establecidas por la Unión Europea. Se consideran áreas prioritarias las relativas a tecnologías de la información y la comunicación, la prevención de riesgos laborales, la sensibilización en medio ambiente, la promoción de la igualdad, la orientación profesional y aquellas otras que se establezcan por la Administración competente.

Las especialidades de Certificado de profesionalidad tienen una duración especificada en su normativa reguladora.

En el resultado de la búsqueda, se muestran las unidades de competencia, todos los módulos formativos con su duración y las unidades formativas del certificado correspondiente, con su duración. Las horas del certificado, exclusivo de las especialidades de certificado de profesionalidad, con alta igual o superior a 2008, son las horas totales más las horas del módulo de Prácticas Profesionales no Laborales.

- **Si la especialidad tiene unidades formativas,** las horas totales, presencial, distancia, teleformación serán igual a la suma de esas horas de las unidades formativas de los distintos módulos, sin que se repita ninguna Unidad formativa.

- **Si la especialidad no tiene unidades formativas,** las horas totales, presencial, distancia, teleformación serán igual a las sumas de esas horas de los módulos formativos, eliminando las horas de los módulos repetidos.

https://sede.sepe.gob.es/especialidadesformativas/RXBuscadorEFRED/BusquedaEspecialidades.do

(Fuente: Servicio Público de Empleo Estatal)

Índice

Unidad de aprendizaje 8

Abordaje de la implantación del plan de igualdad en la empresa

OBJETIVOS GENERALES

Los objetivos generales de **Sensibilización en género y planes de igualdad. CTRI0009** son:

- Sensibilizar acerca de las diferencias y las desigualdades estructurales que sufren las mujeres en las relaciones de trabajo y capacitar a mujeres y hombres en su eliminación a través de la implementación de planes de igualdad en el entorno laboral.
- Concienciar sobre las desigualdades de género en el ámbito laboral mediante el conocimiento de aspectos básicos de la materia.
- Desarrollar los contenidos y las herramientas necesarias para identificar, prevenir y actuar contra la violencia de género en el ámbito laboral.
- Presentar el marco normativo por el que se rige en España la igualdad y, muy especialmente, los planes de igualdad.
- Adquirir los conocimientos y las herramientas necesarias para la implementación de planes de igualdad en el entorno laboral.
- Desarrollar el diagnóstico que detectará situaciones de desigualdad en el entorno laboral.
- Explicar los aspectos clave de los indicadores de medición de los planes de igualdad.
- Definir los objetivos que alcanzar con la aplicación de los planes de igualdad.
- Conocer las bases legales del ordenamiento jurídico español en materia de planes de igualdad.
- Desarrollar las herramientas, los conocimientos y las habilidades necesarias para implementar el plan de igualdad en la empresa.

Unidad de aprendizaje 1

Sensibilización en género: adquisición de conceptos generales sobre género e igualdad

Contenido

1. Introducción
2. Conocimiento de aspectos básicos en materia de género e igualdad
3. Identificación de roles y estereotipos de género
4. Desarrollo de la perspectiva de género
5. Resumen

Objetivos

El objetivo general de esta Unidad de Aprendizaje es:

→ Concienciar sobre las desigualdades de género en el ámbito laboral mediante el conocimiento de aspectos básicos de la materia.

Los objetivos específicos de esta Unidad de Aprendizaje son:

→ Conceptualizar los distintos términos relacionados con la igualdad.

→ Identificar los roles y estereotipos de género para conocer su influencia en la sociedad y las consecuencias que de ellos se derivan.

→ Diferenciar las medidas que aplicar para promocionar la igualdad.

→ Reconocer los componentes de la perspectiva de género.

1. Introducción

La comprensión de los conceptos generales sobre género e igualdad es fundamental en la sociedad contemporánea. La adquisición de conocimientos en esta área no solo nos permite tener conversaciones más informadas, sino que también nos da herramientas valiosas para desafiar las estructuras que sostienen estas desigualdades. Dentro del contexto actual, donde estamos rodeados de mensajes contradictorios sobre el género y la igualdad, es crucial que cada individuo, desde una edad temprana, sea capaz de comprender las diferencias y conexiones entre conceptos que afectan profundamente la interacción social y la organización de nuestra sociedad. Al explorar cuestiones como los roles y estereotipos de género, desarrollamos una mayor conciencia sobre cómo estos aspectos influyen en nuestra vida diaria y contribuyen a forjar identidades y caminos en el ámbito personal y profesional.

Por ejemplo, consideremos el impacto de los estereotipos de género tradicionales en el lugar de trabajo. Muchas mujeres enfrentan barreras no explícitas, como la idea de que son menos adecuadas para puestos de liderazgo simplemente debido a su género. Estos prejuicios, a menudo internalizados sin cuestionamiento, pueden limitar el potencial y las oportunidades de mujeres talentosas, perpetuando un ciclo de desigualdad laboral y económica. Al entender cómo operan estos estereotipos, y las diferencias intrínsecas entre sexo y género, es posible implementar políticas y estrategias que promuevan un entorno inclusivo y justo.

El desarrollo de una perspectiva de género es una herramienta crítica para deconstruir estos estigmas y fomentar una sociedad más justa. Esta perspectiva no solo proporciona un marco para analizar acontecimientos y estructuras de poder, sino que también nos desafía a considerar cómo las experiencias de diferentes géneros pueden variar según contextos específicos.

Para adentrarnos en este viaje educativo nos vamos a guiar por la acción formativa en materia de igualdad que va a recibir el personal de la empresa WorldPrint.

2. Conocimiento de aspectos básicos en materia de género e igualdad

HILO CONDUCTOR

Tras los últimos acontecimientos acaecidos en la empresa WorldPrint por las acusaciones de varias trabajadoras sobre determinados hechos constitutivos de desigualdad laboral, el responsable de formación recomienda el desarrollo de una acción formativa para concienciar y sensibilizar en igualdad al personal de la empresa, y aprovechar también para crear e implantar el plan de igualdad. Con el visto bueno de la gerencia, se contrata un curso formado por dos módulos: «Sensibilización en Género», impartido por Álvaro y que recibirá toda la plantilla, y «Planes de Igualdad», guiado por Ángeles y que solo recibirá el grupo designado para esa tarea.

En el primer módulo, Álvaro considera que es muy importante adquirir los conocimientos adecuados para distinguir aquellos conceptos que en tantas ocasiones las personas no conseguimos diferenciar.

El primer paso en la comprensión de género e igualdad es definir **qué significa *género*.** A menudo confundido con el sexo biológico, el género se refiere a los roles, los comportamientos, las actividades y los atributos que una sociedad determinada considera apropiados para hombres y mujeres. Mientras que el **sexo biológico** se refiere a las diferencias físicas entre hombres y mujeres, el **género** es una construcción social que puede variar significativamente entre diferentes culturas y épocas.

La construcción social del género ha perpetuado una serie de estereotipos y roles de género que influyen en las expectativas de comportamiento de hombres y mujeres. Por ejemplo, históricamente, se ha esperado que las mujeres asuman roles de cuidadoras en el hogar, mientras que los hombres sean los proveedores. Sin embargo, estos roles están evolucionando rápidamente en nuestra sociedad contemporánea.

Reconocer y cuestionar los estereotipos de género es crucial para avanzar hacia un mundo más igualitario.

En este contexto, el concepto de igualdad de género emerge como una aspiración hacia una sociedad donde los derechos, las responsabilidades y las oportunidades de las personas no estén determinados ni limitados por su género. La igualdad de género no significa que hombres y mujeres sean iguales en todos los aspectos, sino que tengan el mismo valor, sean tratados con equidad, y tengan acceso similar a recursos y oportunidades.

El conocimiento de los aspectos básicos en materia de género e igualdad proporciona una base para entender la importancia de la equidad de género no solo como un imperativo moral, sino como un componente integral de una sociedad justa y próspera. Al comprender estos principios básicos, cada individuo puede contribuir activamente a la promoción de la igualdad de género en su comunidad y lugar de trabajo, convirtiéndose así en un agente de cambio hacia un futuro donde todas las personas, independientemente de su género, tengan las mismas oportunidades para cumplir su potencial.

SABÍAS QUE...

La igualdad en el trabajo y en la participación política son dos áreas donde se ha trabajado intensamente, pero donde aún existen grandes disparidades.

2.1. Concepto de género

El interés académico por el género comenzó en gran medida en el siglo XX, especialmente en los años setenta con el auge del feminismo. Simone de Beauvoir, en su obra *El segundo sexo*, resaltó que uno no nace mujer, sino que se convierte en una por medio de la socialización y la internalización de roles tradicionales de género. Joan Scott, historiadora feminista, también contribuyó significativamente definiendo el género como una categoría histórica de análisis. Estos trabajos subrayaron la **importancia de separar el género del sexo biológico** y analizar su impacto en las estructuras de poder. Históricamente, las construcciones de género han servido para mantener las desigualdades y justificar la discriminación hacia las mujeres y el colectivo LGTBI.

El término *género* ha evolucionado considerablemente a lo largo de las décadas y se ha convertido en un concepto central en los estudios sobre igualdad y derechos humanos. Inicialmente, el género servía para describir las diferencias biológicas entre hombres y mujeres, pero, hoy en día, se reconoce que abarca aspectos mucho más amplios de la identidad y las relaciones sociales.

Género
Se refiere a los roles, los comportamientos, las actividades, las expectativas y las oportunidades que cada sociedad considera apropiados para hombres y mujeres.

A diferencia del sexo, que está definido por las características biológicas y fisiológicas que diferencian a hombres y mujeres, el **género es un constructo social.** Esto significa que los roles de género y las expectativas asociadas varían significativamente entre distintas culturas y a lo largo del tiempo. Las características del género como constructo social son:

Variabilidad cultural

- Los conceptos de género son específicos de cada cultura y pueden variar ampliamente. Por ejemplo, ciertas sociedades están más abiertas a la diversidad de género, reconociendo múltiples identidades más allá de la dualidad masculino-femenino.

Transformación histórica

- Los roles y las expectativas de género cambian con el tiempo. Lo que se consideró un comportamiento adecuado para hombres y mujeres hace cien años puede no serlo hoy, lo que demuestra que los roles de género son flexibles y no fijos.

Interseccionalidad

- El concepto de interseccionalidad, desarrollado por Kimberlé Crenshaw, destaca cómo el género interactúa con otras categorías sociales como la raza, la clase y la orientación sexual. Este enfoque es esencial para comprender cómo diferentes personas experimentan la desigualdad de género.

IMPORTANTE

La naturaleza social del género implica que no hay características inherentes que sean exclusivas de hombres o mujeres, sino que estas son aprendidas y perpetuadas culturalmente.

La **desigualdad de género** es una manifestación de las jerarquías establecidas por los roles de género. Tradicionalmente, las sociedades han favorecido a los hombres en términos de acceso a recursos, poder e influencia. Esto se refleja en varias formas, incluidas las brechas salariales, la representación política desigual y la violencia de género. Combatir esta desigualdad requiere un enfoque que implique desmantelar los estereotipos, promover políticas de igualdad y fomentar una cultura inclusiva que valore la diversidad de género.

El papel del género en el desarrollo personal, social y profesional de las personas conlleva una serie de implicaciones:

Un impacto significativo en el desarrollo de la identidad personal
- Al cuestionar y redefinir los roles de género tradicionales, las personas pueden alcanzar una mayor libertad para desarrollar sus propias identidades sin sentirse presionadas por expectativas externas.

Promueve la equidad y la diversidad socialmente
- Cuando las personas tienen la libertad de actuar fuera de los roles tradicionales, se fomenta una interacción más rica y se abren las puertas a nuevas posibilidades y combinaciones de habilidades e intereses.

Conduce a un entorno de trabajo más equilibrado
- La inclusión de diversas perspectivas de género en el lugar de trabajo está vinculada a mejores resultados de negocio, como mayor creatividad, innovación y satisfacción de los empleados.

NOTA

Es vital reforzar las políticas que promuevan la igualdad de género en todos los aspectos de la vida pública y privada, a través de talleres de sensibilización en empresas, campañas de concienciación en los medios y de legislación que proteja y promueva los derechos.

2.2. Concepto de igualdad

La **igualdad** se refiere a la idea de que todas las personas deben tener los mismos derechos y oportunidades, independientemente de su género, raza, religión, orientación sexual, estatus socioeconómico o cualquier otra característica de identidad. Uno de los enfoques más comunes para asegurar la igualdad es a través del concepto de **igualdad de oportunidades.** Con ello se busca eliminar barreras, promoviendo así un acceso equitativo en áreas como el empleo. Aunque es importante distinguir entre igualdad de oportunidades y equidad, ambos conceptos son complementarios:

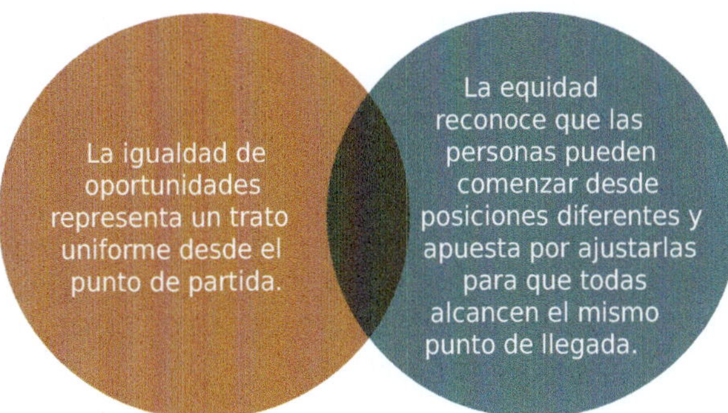

Para ilustrar cómo la igualdad de oportunidades busca abordar estas desigualdades se presenta el siguiente ejemplo.

EJEMPLO

Consideremos un sistema educativo que ofrece un acceso uniforme de todos los estudiantes al mismo currículo y recursos educativos. Sin embargo, un enfoque equitativo iría aún más allá, proporcionando recursos adicionales a estudiantes que enfrenten desafíos específicos debido a factores socioeconómicos, asegurando que tengan una base sólida para competir en igualdad de condiciones con sus pares más privilegiados.

La **igualdad de género** constituye una pieza central en la discusión en torno a la igualdad. Se refiere a la igualdad de derechos, responsabilidades y oportunidades entre mujeres y hombres, y no debe interpretarse en el sentido de que mujeres y hombres se vuelvan iguales, sino que sus derechos, responsabilidades y oportunidades no dependerán de si nacieron biológicamente hombres o mujeres. Este concepto busca desafiar las expectativas tradicionales de género que limitan las vidas de personas de todos los géneros y asegurar que ambos puedan tomar decisiones libres en áreas de su vida profesional y personal.

Además de la igualdad de género, es importante abordar las intersecciones entre distintas formas de desigualdad, es decir, considerar el concepto de **interseccionalidad.** Este enfoque ayuda a destacar que no existe una única forma de discriminación y que las soluciones para promover la igualdad deben considerar estas interacciones.

DEFINICIÓN

Interseccionalidad

El concepto propuesto por la académica Kimberlé Crenshaw sostiene que las distintas dimensiones de la identidad —como la raza, el género, la clase social y la orientación sexual— interactúan de formas complejas, produciendo experiencias únicas de opresión o privilegio.

EJEMPLO

Imaginemos a dos mujeres que trabajan en una misma empresa: una es de la mayoría étnica y la otra pertenece a una minoría. La mujer de la minoría podría enfrentar una doble discriminación por su género y su etnicidad, por lo que las políticas que hay que implementar deben ser específicas para abordar esa compleja interacción de desigualdades.

Para avanzar en la práctica de la igualdad, los Gobiernos y las instituciones deben tomar **medidas proactivas** que incluyen no solo la adopción de leyes que prohíban distintas formas de discriminación, sino también la implementación de políticas inclusivas que promuevan la diversidad y la representación equitativa en todos los niveles de la sociedad. Como ejemplos de medidas prácticas para promover la igualdad están, entre otras:

- Las cuotas de género en las juntas directivas
- Los programas de acción positiva para grupos desfavorecidos
- Las campañas de concienciación pública

SABÍAS QUE...

La investigación ha demostrado que sociedades más igualitarias tienden a ser más pacíficas, saludables y económicamente prósperas; la igualdad fomenta la cohesión social, reduce los conflictos y facilita la innovación y la creatividad al incorporar una gama más amplia de perspectivas y talentos.

ACTIVIDAD COMPLEMENTARIA

1. Busca en internet si en la legislación española existe alguna norma relacionada con cualquiera de las medidas proactivas de promoción de la igualdad que has visto. Indica su denominación y el objetivo que persigue.

2.3. Diferencias entre sexo y género

A menudo se utilizan los términos sexo y género de manera intercambiable; sin embargo, estos conceptos son muy diferentes y desempeñan roles críticos en cómo entendemos la identidad, la sociedad y las dinámicas de poder. En su conceptualización ya se pueden observar las diferencias entre ambos:

Sexo	Género
- Características biológicas que definen a los seres humanos como hombres y mujeres, y que están generalmente relacionadas con la anatomía, las hormonas y los cromosomas (XX para mujeres y XY para hombres en la mayor parte de los casos).	- Roles, comportamientos, actividades y atributos que una determinada sociedad considera apropiados para hombres y mujeres, y que varía dependiendo del contexto cultural y del tiempo histórico.

El reconocimiento de las diferencias entre sexo y género es esencial para promover la igualdad de género y la inclusión. Las **características del género que lo diferencian del concepto de sexo** son:

Es el resultado de un proceso de socialización	- Este proceso comienza desde la primera infancia, donde los individuos reciben señales de su entorno sobre cómo deben comportarse o qué se espera de ellos en función de su género. - Ejemplo: la creencia de que las niñas son cariñosas y emocionales, mientras que los niños son valientes y racionales.
Es una categoría fluida	- Hace referencia a que la identidad de género es una experiencia interna, profundamente personal y basada en cómo los individuos perciben su propio género, y que puede o no alinearse con el sexo asignado al nacer. - Ejemplos: las personas transgénero, cuyo género no coincide con el sexo asignado al nacer, o las personas no binarias, que no se ajustan estrictamente a las categorías masculinas o femeninas.

También es importante que se desarrollen políticas públicas que tengan en cuenta estas diferencias fundamentales y trabajen para desmantelar las normas de género perjudiciales. **Las empresas, las instituciones y los organismos públicos deben adoptar enfoques integrales de género** que valoren la diversidad y promuevan la paridad de género en todos los niveles.

EJEMPLO

En cómo las normas de género han influido en la desigualdad se incluyen las expectativas laborales, donde tradicionalmente los hombres tienen mayor acceso a trabajos mejor remunerados y con mayores perspectivas de promoción, mientras que las mujeres han sido relegadas a roles de cuidado y trabajos domésticos, remunerados o no.

VÍDEO

Impulsar la comprensión de la diversidad de género y las diferencias entre sexo y género en el aula puede crear futuras personas adultas que deseen y trabajen por entornos más equitativos y justos. Accede al siguiente vídeo ilustrativo:

https://redirectoronline.com/ctri00090101

3. Identificación de roles y estereotipos de género

HILO CONDUCTOR

Álvaro plantea un caso práctico en el que pregunta a la plantilla qué roles y estereotipos de género identifican en la empresa durante el desarrollo de sus tareas. El ejercicio práctico ha tenido mucha participación, aunque destacan las trabajadoras sobre los trabajadores.

A menudo, los roles están respaldados por estereotipos que simplifican y refuerzan las diferencias entre los sexos. Estos estereotipos no solo afectan a individuos, sino que tienen implicaciones más amplias en la sociedad, influyendo en ámbitos como el empleo, la educación, la política y la salud. La comprensión de los roles y estereotipos de género es fundamental para avanzar hacia una sociedad más equitativa e igualitaria.

Los roles y estereotipos de género afectan la vida diaria de las personas.

3.1. Definición, relación y deconstrucción

Un **rol de género** es un conjunto de normas y comportamientos considerados apropiados para las mujeres y los hombres en un contexto cultural específico. Son prescripciones sociales que determinan la manera en que se espera que cada género se comporte y se relacione con el mundo. Se establecen desde una edad temprana a través de la socialización, la educación, los medios de comunicación y las instituciones religiosas, entre otros.

Para entender cómo se han configurado las sociedades y por qué aún existen desigualdades de género, es crucial explorar los **roles de género tradicionales,** tales como:

- En sociedades occidentales, el hombre trabajaba fuera del hogar para sustentar económicamente a la familia y tomaba las decisiones, mientras que la mujer se quedaba en casa, desempeñando labores de ama de casa, crianza de los hijos y mantenimiento de las relaciones familiares.
- A lo largo del tiempo, las mujeres fueron desviadas hacia ocupaciones y estudios considerados femeninos, como la enseñanza, la enfermería o las humanidades, mientras que los hombres eran impulsados hacia profesiones consideradas masculinas, como la ingeniería, las matemáticas o las ciencias.

Continúa en página siguiente >>

<< Viene de página anterior

- Muchas películas de animación mostraban princesas que necesitaban ser rescatadas, consolidando la imagen de la mujer frágil que debe ser salvada por un héroe masculino.
- En algunos contextos religiosos, los textos sagrados y sus interpretaciones han sido usados para justificar la jerarquía de género, asignando roles y deberes específicos a hombres y mujeres en función de interpretaciones dogmáticas.
- Hasta hace pocas décadas, en muchos países, las mujeres ni siquiera tenían derecho al voto, y estas barreras aún persisten en forma de normas tácitas y prejuicios que subyacen al proceso de selección y promoción profesional en varios campos.

A diferencia de los roles de género, que se refieren a las conductas y las expectativas, los estereotipos abarcan las creencias sobre cómo son o deberían ser los hombres y las mujeres.

DEFINICIÓN

Estereotipos de género

Son creencias o ideas preconcebidas y simplificadas acerca de las características y los comportamientos que cada género debería tener.

Los estereotipos **pueden ser positivos o negativos,** aunque en general tienden a limitar las posibilidades de desarrollo personal y profesional de los individuos. Como muestras claras de efectos negativos podemos citar:

- El estereotipo de que las mujeres son más emocionales y menos racionales que los hombres puede conducir a que se las excluya de roles de liderazgo.
- En los hombres, el estereotipo de que son duros e invulnerables dificulta la expresión de emociones y la búsqueda de ayuda psicológica, e incluso la estigmatización social si expresan lo contrario.

IMPORTANTE

Los estereotipos también están en la raíz de la violencia de género, ya que perpetúa la idea de que un género es superior o tiene derechos sobre el otro y legitima, en ocasiones, el abuso y el control.

Los roles y estereotipos de género **están estrechamente interconectados.** Los estereotipos actúan como cimientos para definir los roles que cada género debería desempeñar, es decir, las creencias estereotipadas sobre las características masculinas y femeninas informan de las expectativas de comportamiento y función social que se asignan a cada género.

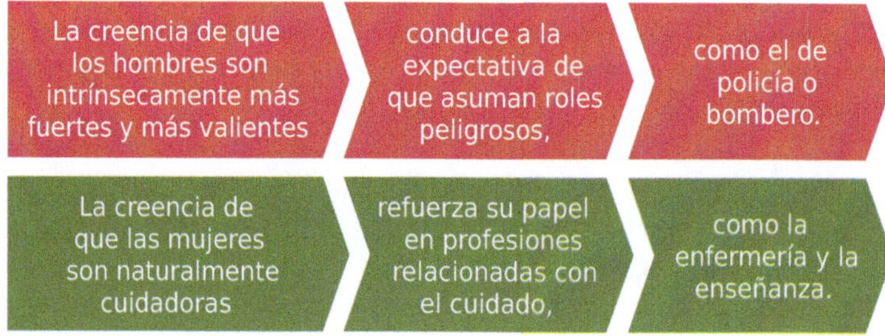

La influencia de la sociedad en los roles y estereotipos ocurre desde el inicio de la vida, al estar los individuos expuestos a un conjunto de expectativas de género que influirán en su desarrollo personal. Desempeñan un papel crucial en la imposición de normas de género instituciones como la familia, cuando asignan tareas basadas en el género; la escuela, que orienta a los estudiantes sobre qué materias estudiar según su género; y los medios de comunicación, que asignan roles tradicionales en TV y publicidad.

Para fomentar la igualdad de género, se debe comenzar por la **deconstrucción de roles y estereotipos tradicionales.** Esto se puede lograr mediante:

Educación crítica	- Introducir enfoques críticos en el currículo escolar que cuestionen los roles de género tradicionales y promuevan un entendimiento más inclusivo de las capacidades humanas.
Modelos de rol diversificados	- Fomentar la diversidad en la representación de géneros en medios de comunicación, promoviendo historias que reflejen la variabilidad y la complejidad de las vidas humanas.
Concienciación y sensibilización	- Implementación de campañas de concienciación pública que educan sobre la naturaleza restrictiva de los estereotipos de género y el impacto positivo de la equidad de género para toda la sociedad.
Instituciones inclusivas	- Los lugares de trabajo y las políticas gubernamentales deben ser revisados para eliminar el sesgo de género y fomentar una cultura de igualdad desde el ejemplo institucional.

APLICACIÓN PRÁCTICA

En el colegio de Olga este año han cambiado el manual de la asignatura de Biología. Ojeándolo, se ha dado cuenta de que aparecen más referentes femeninos que en el de años anteriores. En relación a la deconstrucción de roles y estereotipos, ¿qué estrategia se observa en este caso?

Solución

Al Introducir en la asignatura de Biología más referentes femeninos, en campos como las ciencias y la investigación, tradicionalmente referenciados por figuras masculinas, se está aplicando un enfoque crítico en la educación. Se cuestionan los roles de género tradicionales (es decir, que solo se muestren científicos e investigadores) y se promueve la inclusión de capacidades femeninas (es decir, se cita también a científicas e investigadoras).

3.2. Influencia de los estereotipos en la sociedad

Influida por las expectativas culturales, la sociedad desarrolla y perpetúa estereotipos que afectan profundamente tanto a los individuos como a las comunidades en general. Los estereotipos **son un reflejo de lo que la sociedad valora y espera en función del género,** y pueden tener consecuencias significativas en múltiples áreas de la vida:

- **Educación.** Influyen en la educación y las expectativas académicas. Desde pequeñas, las personas son expuestas a ideas preconcebidas sobre qué materias o actividades son apropiadas para cada género. Por ejemplo, la ciencia, la tecnología, la ingeniería y las matemáticas han estado asociadas con los varones, mientras que las niñas han sido alentadas a seguir carreras en humanidades o artes. Este tipo de estigmatización perpetúa una brecha de género significativa.
- **Ámbito laboral.** Dictan lo que se considera trabajo masculino o femenino, influyendo en la estructura de las oportunidades profesionales. Los hombres pueden ser disuadidos de buscar trabajos en educación o cuidado, mientras que las mujeres pueden encontrar barreras para acceder a puestos de liderazgo o en sectores dominados por hombres, como la ingeniería. Esto perpetúa la disparidad salarial de género y la segregación ocupacional.
- **Salud.** Tienen un impacto en la salud emocional y mental. Por ejemplo, la expectativa cultural de que los hombres sean siempre fuertes y emocionalmente contenidos tiene implicaciones en su salud mental; mientras que las mujeres se enfrentan a la presión de cumplir con estándares de belleza imposibles, generando problemas de autoestima, trastornos alimentarios y depresión.
- **Ámbito social.** Pueden influir en las relaciones interpersonales y en las dinámicas familiares. Tradicionalmente, a las mujeres se les asignan roles relacionados con el cuidado del hogar y los hijos, mientras que se espera que los hombres sean los principales proveedores. Estas expectativas pueden causar tensiones en las familias modernas, donde ambos géneros buscan satisfacer las aspiraciones de desarrollo personal y las expectativas familiares.
- **Política.** Las mujeres han estado históricamente subrepresentadas debido a percepciones sobre su capacidad de liderazgo o competencia en la toma de decisiones. Este desequilibrio no solo tiene implicaciones para la igualdad de género en la representación política, sino que también influencia el desarrollo y la implementación de políticas que afectan a toda la sociedad. Un ejemplo es el debate sobre el acceso al aborto y los derechos reproductivos.
- **Comunicación.** Las representaciones en los medios de comunicación contribuyen a la perpetuación de los estereotipos. Las imágenes publi-

citarias, las películas y los programas de televisión a menudo presentan roles de género, contribuyendo a la normalización. Un ejemplo son las campañas de *marketing* de los productos de limpieza presentadas por mujeres, donde se refuerza la idea de que las tareas del hogar son responsabilidad femenina.

NOTA

Superar los estereotipos de género requiere un esfuerzo por parte de todos los sectores de la sociedad, además de la reflexión propia de cada individuo.

3.3. Consecuencias de los estereotipos de género

Los estereotipos tienen una influencia penetrante en la comprensión y las expectativas sociales de los roles de género. Para comprender completamente el impacto de los estereotipos es importante examinar sus **consecuencias:**

- **Psicológicas.** Una de las más significativas es el impacto psicológico que tienen en hombres y mujeres. La presión para conformarse a los roles de género tradicionales puede dar lugar a diversos problemas de salud mental.
- **Sociales.** Los estereotipos de género consolidan y perpetúan desigualdades sociales. Además, pueden fomentar la discriminación y el acoso en diversos contextos, como la educación, el lugar de trabajo y los espacios públicos.
- **Económicas.** Las repercusiones económicas de los estereotipos son evidentes en las brechas salariales y las desigualdades laborales. Además, la subvaloración del trabajo doméstico y de cuidado, en su mayoría realizado por mujeres, tiene efectos económicos significativos.
- **Políticas.** Los estereotipos influyen en la representación y la participación política. Las expectativas culturales pueden desincentivar a las mujeres a buscar cargos políticos o posiciones de liderazgo, pues se considera que la política es un ámbito masculino. La baja representación femenina influye también en los sistemas legislativos.

Otras consecuencias son:

- La intersección con otras identidades (raza, clase social, orientación sexual y discapacidad) puede dar lugar a una doble discriminación.
- En la infancia y la educación, la socialización según roles de género estrictos moldean a niños y niñas que ven afectadas sus elecciones y oportunidades de vida.
- Impacto en la salud física; en los hombres, cuando, por su consideración de duros, padecen enfermedades evitables, y en las mujeres, con un acceso desigual a los servicios médicos o una atención que menosprecia sus síntomas.
- El sistema legal y de justicia perpetúa los estereotipos no proporcionando una protección equitativa a todas las personas, tal como las leyes que no reconocen la violencia de género o no abordan el acoso sexual.

RECUERDA

Los estereotipos de género no son simplemente percepciones irracionales, sino que son creencias arraigadas que afectan profundamente a los individuos y a la sociedad en su conjunto.

4. Desarrollo de la perspectiva de género

HILO CONDUCTOR

Para finalizar con la explicación de los conceptos básicos, Álvaro lanza la siguiente afirmación a su alumnado, para que reflexionen sobre la perspectiva de género: "La perspectiva de género va más allá de la simple diferenciación entre masculino y femenino; se trata de un marco analítico que ayuda a interpretar y transformar las relaciones de género teniendo en cuenta la interacción de factores económicos, étnicos, culturales, históricos y de clase".

La perspectiva de género **es un enfoque analítico** que permite identificar, cuestionar y valorar la desigualdad y la discriminación en las relaciones de poder entre géneros, presente en múltiples estructuras sociales, políticas y culturales. Este enfoque no solo reconoce que la desigualdad de género es perjudicial, sino que busca activar estrategias para su eliminación.

Para comprender su importancia, resulta crucial reflexionar sobre cómo los roles de género han sido históricamente construidos y cómo estas construcciones perpetúan sistemas de poder asociados al patriarcado. Esta reflexión lleva a identificar cómo ciertas normas y expectativas pueden limitar las oportunidades para individuos según su género, afectando sus derechos y libertades fundamentales.

El desarrollo de la perspectiva de género es vital para promover la igualdad de género y la justicia social.

4.1. Elementos y aplicación de la perspectiva de género

Los **componentes** de la perspectiva de género son:

- **Interseccionalidad.** Fundamental para la perspectiva de género es el enfoque interseccional, que reconoce las múltiples interacciones entre género y otras categorías de identidad. Ofrece una visión más compleja de los problemas de género, reconociendo que las experiencias de desigualdad no son homogéneas.
- **Desnaturalización de los roles de género.** Este componente implica desafiar la percepción de que los roles de género tienen una base natural en las diferencias biológicas. La perspectiva de género desnaturaliza estas asunciones, mostrando que son construcciones sociales que deben ser transformadas para lograr la igualdad.

- **Identificación y cuestionamiento de estereotipos de género.** Los estereotipos de género asignan características y comportamientos a los diferentes géneros y son un obstáculo significativo para la igualdad. La perspectiva de género ayuda a identificar estos estereotipos y a los patrones de expectativa que se derivan, promoviendo un cuestionamiento crítico y activo.
- **Visibilización y valoración del trabajo de cuidados.** Tradicionalmente asignado a las mujeres, el trabajo de cuidados ha sido infravalorado o ignorado. La perspectiva de género busca visibilizar y valorar este trabajo, solicitando una distribución más equitativa entre los géneros y su reconocimiento como un aporte crucial al bienestar social.

La aplicación de la perspectiva de género en ciertas áreas conlleva una serie de **acciones:**

Educación
- Incorporar este enfoque en currículos y prácticas pedagógicas genera una cultura de igualdad desde etapas tempranas. Por ejemplo, materias como historia y literatura pueden revisarse para incluir contribuciones de mujeres y personas de género no binario, mientras que la ciencia y las matemáticas pueden resaltarse como campos accesibles y relevantes para todos los géneros, inspirando a niñas y jóvenes a seguir carreras científicas.

Trabajo
- Las prácticas empresariales y políticas de recursos humanos deben adaptarse para promover la igualdad de género. Esto incluye iniciativas como la auditoría de géneros para identificar brechas salariales, programas de mentoría y desarrollo para mujeres, y políticas de conciliación que reconozcan las responsabilidades familiares compartidas.

Salud
- Identificar y reducir las desigualdades en la atención médica, avanzando hacia un cuidado que entienda las necesidades específicas de cada género y con un trato equitativo. La salud reproductiva, por ejemplo, no solo debe centrarse en las mujeres, sino en la creación de un entorno donde los derechos reproductivos de todos puedan ser discutidos sin prejuicios.

Políticas públicas
- La integración es esencial para alcanzar un desarrollo social equilibrado y sostenible, e implica evaluar los impactos de las políticas mediante análisis de género y diseñar soluciones que promuevan la equidad. Ejemplos recientes incluyen la implementación de presupuestos con perspectiva de género y la adhesión a convenciones internacionales que defienden la igualdad, como la Convención sobre la Eliminación de Todas las Formas de Discriminación contra la Mujer (CEDAW).

El avance en su implementación no está exento de desafíos a los que se responde con soluciones tales como:

Reto	Solución
Los que se derivan de la resistencia cultural y social arraigada, como el sesgo inconsciente que limita el cambio en las instituciones.	Desarrollar campañas de sensibilización y educación continua que desmantelen las barreras ideológicas.
Carencia de datos desglosados por género en numerosos campos que dificulta la identificación de brechas y la creación de soluciones eficaces.	Promover la investigación inclusiva y el uso de metodologías sensibles al género como pasos esenciales hacia la igualdad.

4.2. Importancia de la perspectiva de género

La perspectiva de género es de vital importancia para construir un mundo más equitativo y justo. Nos permite ver las discrepancias y los desequilibrios de poder y nos equipa con las herramientas necesarias para generar cambios significativos. Al integrar este enfoque en los diversos aspectos de la vida social, se avanza hacia una sociedad en la que cada individuo, independientemente de su género, tiene igual acceso a oportunidades y recursos. Estas son:

a. Reconocer la forma en que el género afecta las experiencias educativas puede conducir a un entorno más inclusivo, lo que implica garantizar que tanto chicas como chicos tengan las mismas oportunidades de aprendizaje y desarrollo.
b. Adoptar una perspectiva de género es fundamental para erradicar la brecha salarial y mejorar las condiciones de trabajo, es decir, mejora el clima organizacional, la productividad y la innovación al aprovechar experiencias y habilidades diversas.
c. Aplicar un enfoque de salud con perspectiva de género asegura que ambos géneros reciban una atención equitativa y pertinente, mejorando así los resultados de salud en general.
d. Integrar una perspectiva de género es vital en el diseño y la ejecución de políticas públicas. Así, la movilidad urbana, cuando se analiza a través de la lente de género, puede revelar desigualdades ocultas y ayudar a construir ciudades más inclusivas.

Además de las dimensiones prácticas discutidas (educación, trabajo, salud y política), cabe resaltar que adoptar una perspectiva de género también tiene **implicaciones sociales y psicológicas profundas.**

Esta transformación no solo beneficia a las mujeres, sino que enriquece a toda la sociedad, promoviendo la justicia, el desarrollo económico y el bienestar humano en su conjunto.

IMPORTANTE

Es relevante reconocer que la perspectiva de género no se adopta de manera uniforme, implica un proceso continuo de aprendizaje y adaptación.

4.3. Herramientas para aplicar la perspectiva de género

En el contexto moderno, la adopción de una perspectiva de género en las políticas, los proyectos y otras iniciativas no solo es una estrategia ética, sino una necesidad práctica para promover la equidad entre hombres y mujeres. Su integración eficaz ayuda a garantizar que todas las personas, sin importar su género, tengan acceso equitativo a oportunidades y recursos. Las **principales herramientas** para aplicar la perspectiva de género son:

- **Análisis de género.** Implica examinar las diferencias entre los géneros en cualquier contexto para comprender cómo afectan las políticas, los bienes, los servicios y los derechos de mujeres y hombres. Este análisis incluye la recolección de datos desagregados por género, el examen de roles y relaciones de género, y la identificación de necesidades, prioridades y oportunidades diferenciadas.
  Por ejemplo, en un proyecto agrícola, un análisis de género podría revelar que mientras los hombres tienen acceso a tecnologías y recursos, las mujeres, a pesar de ser trabajadoras clave, no lo tienen, lo que requiere intervenciones que equilibren esta disparidad.
- **Diagnóstico participativo.** Es un proceso inclusivo que involucra a los actores relevantes, sin discriminar por género, en el diseño, la implementación y la evaluación de políticas o proyectos. Su objetivo es integrar las perspectivas y las experiencias de todos los géneros y recoger valiosa información sobre las necesidades específicas y contextuales.

Por ejemplo, al desarrollar una campaña de salud pública, un diagnóstico participativo permite que las mujeres expresen sus preocupaciones sobre el acceso a servicios de salud maternal, mientras que los hombres pueden hablar de su papel en los cuidados familiares.

- **Indicadores de género.** Son métricas específicas usadas para medir la equidad de género en diversidad de contextos y para evaluar el progreso hacia la igualdad de género. Permiten un monitoreo y una evaluación clara y objetiva de los impactos de cualquier programa o política.
  Algunos ejemplos incluyen la tasa de participación femenina en la fuerza laboral, la reducción del índice de violencia de género y la paridad en el acceso a la educación.
- **Capacitación en género.** Es crucial para sensibilizar, educar y movilizar a individuos dentro de las organizaciones sobre los principios de la igualdad de género. Los programas de formación aseguran el desarrollo de habilidades, conocimientos y actitudes necesarios para aplicar correctamente la perspectiva de género. Se pueden incluir talleres sobre sesgos inconscientes, derechos de género y masculinidad positiva.
  Por ejemplo, en una empresa, capacitar a la dirección en género y liderazgo inclusivo puede fomentar un entorno más equitativo y diverso.
- **Marco legal y normativo.** Contar con un marco legal sólido que respalde la igualdad de género es indispensable para asegurar la implementación efectiva de políticas de género. Esto incluye leyes y tratados nacionales e internacionales que promuevan los derechos de género.
  La CEDAW es un ejemplo importante de legislación internacional para erradicar la discriminación de género en todas sus formas. Las organizaciones deben asegurarse de que sus políticas estén alineadas con estas normativas.
- **Estudios de caso y mejores prácticas.** Utilizar estudios de caso y documentar mejores prácticas son métodos efectivos de la aplicación exitosa de la perspectiva de género. Estos ofrecen ejemplos concretos que permiten aprender de experiencias pasadas y aplicar lecciones aprendidas en situaciones similares.
  Un ejemplo podría ser un estudio de caso donde una empresa implementa un programa de mentoría para mujeres, obteniendo un aumento significativo en la tasa de promoción y retención de empleadas.
- **Comunicación inclusiva.** Es esencial para eliminar estereotipos de género y garantizar que todas las personas se sientan representadas y valoradas. Implica el uso de un lenguaje neutro y no sexista en todos los materiales y documentos, así como asegurar que las imágenes y símbolos no perpetúen los estereotipos.
  Por ejemplo, en el ámbito educativo, revisar y actualizar los contenidos curriculares y materiales de aprendizaje para asegurar la ausencia de sesgos de género es un paso importante para promover la igualdad.

- **Planificación con enfoque de género.** Esta planificación integra la perspectiva de género desde la fase inicial de desarrollo de cualquier proyecto o política. Garantiza que se consideren las necesidades y los derechos de todos los géneros desde el principio, facilitando la creación de iniciativas más eficaces y equitativas.
  Por ejemplo, al diseñar un nuevo servicio público, la planificación con enfoque de género podría incluir la consulta a grupos de mujeres y otros géneros subrepresentados para ajustar el servicio a sus necesidades.
- **Evaluación de impacto de género.** Es un proceso sistemático para analizar cómo un proyecto o política afecta a diferentes géneros. Permite identificar disparidades y ajustes necesarios para mejorar la igualdad de género.
  Al evaluar una política de transporte, por ejemplo, se podría explorar si la ubicación de rutas y estaciones de autobús facilita o dificulta a las mujeres su movilidad, teniendo en cuenta su seguridad y accesibilidad.
- **Creación de alianzas estratégicas.** Desarrollar alianzas estratégicas con organizaciones de mujeres, colectivos feministas y otros grupos que promuevan la igualdad de género resulta vital. Estas alianzas ofrecen valiosos apoyos en la implementación de la perspectiva de género en diversas áreas.
  Por ejemplo, colaborar con asociaciones dedicadas a la defensa de los derechos de las mujeres puede proporcionar conocimientos especializados y recursos que enriquezcan iniciativas enfocadas en género.

TAREA 1

La empresa GH está formada por dos hombres y tres mujeres, de las cuales una es de nacionalidad cubana. En la aplicación de la perspectiva de género en sus políticas internas, ¿qué elemento de esta perspectiva identificaría una discriminación doble en la trabajadora cubana? Razona tu respuesta.

5. Resumen

En un mundo en constante evolución, donde las sociedades se enfrentan a desafíos cada vez más complejos, abordar las cuestiones de género e igualdad se convierte en una necesidad imperiosa para alcanzar una verdadera equidad social. Abordando los conceptos básicos de género e igualdad, nos adentramos en las definiciones esenciales que fundamentan el estudio de estas temáticas. La **diferenciación entre género y sexo** es crucial para una comprensión clara y efectiva de dichos conceptos, estableciendo la base para identificar los roles de género y sus implicaciones en las dinámicas sociales. Esta distinción nos permitirá desentrañar cómo las construcciones culturales y sociales impactan en nuestras vidas cotidianas y orientan las relaciones de poder y desigualdad.

La **identificación y el análisis de los roles y estereotipos de género** representa un paso vital en este recorrido, ya que estos actúan como lentes a través de los cuales interpretamos e interactuamos con el mundo. Un examen detallado de los roles de género tradicionales y sus implicaciones permitirá vislumbrar su profunda influencia en la estructura social y las oportunidades individuales. Los estereotipos no solo restringen el potencial humano, sino que también dirigen el comportamiento y las expectativas, a menudo de manera inconsciente, perpetuando ciclos de desigualdad y discriminación.

El estudio de las **consecuencias de los estereotipos de género** evidencia cómo estas expectativas moldean tanto la identidad como las oportunidades a lo largo de la vida. La reflexión sobre estos aspectos es fundamental para desarrollar una perspectiva de género crítica que no solo identifique dichas desigualdades, sino que también fomente un cambio sistémico.

La **perspectiva de género** es una herramienta poderosa que permite visibilizar desigualdades invisibilizadas y desarrollar estrategias encaminadas a la equidad. Al comprender su importancia, tanto a nivel individual como institucional, podemos comenzar a implementar cambios reales y sostenibles. A través del aprendizaje de diversas herramientas para aplicar esta perspectiva, los lectores estarán preparados para fomentar un ambiente más equitativo y comprensivo en sus entornos personales y profesionales.

Ejercicios de autoevaluación Unidad de Aprendizaje 1

1. Indica si la siguiente afirmación es verdadera o falsa: "El sexo biológico se refiere a las diferencias físicas entre hombres y mujeres".

- Verdadero
- Falso

2. Los roles y los comportamientos que cada sociedad considera apropiados para hombres y mujeres hacen referencia a...

a. ... feminidad.
b. ... masculinidad.
c. ... sexo.
d. ... género.

3. ¿Cuáles son medidas prácticas para promover la igualdad de género?

a. Campañas de concienciación pública.
b. Cuotas de género en las juntas directivas.
c. Programas de acción positiva para colectivos desfavorecidos.
d. Variabilidad cultural.

4. ¿Qué característica del término *género* lo diferencia del concepto *sexo?*

a. Es el resultado de un proceso de socialización.
b. Es una categoría rígida.
c. Incluye elementos de equidad.
d. Se basa en un enfoque interseccional.

5. Determina si la siguiente afirmación es verdadera o falsa: "Que los hombres toman las decisiones y las mujeres crían a los hijos es un rol de género tradicional".

- Verdadero
- Falso

6. Indica si la siguiente afirmación es verdadera o falsa: "La exclusión de las mujeres de los roles de liderazgo por ser consideradas más emocionales y menos racionales es un estereotipo de género positivo".

a. Verdadero
b. Falso

7. El impacto de los estereotipos de género, ¿qué consecuencias tiene?

a. Psicológicas
b. Culturales
c. Económicas
d. Políticas

8. ¿Cuál no es un componente de la perspectiva de género?

a. Visibilización y valoración del trabajo de cuidados.
b. Desnaturalización de los roles de género.
c. Identificación y cuestionamiento de estereotipos de género.
d. Interconexión de categorías.

9. En la implementación de la perspectiva de género, ¿qué soluciones se aplicarán cuando existe carencia de datos desglosados por género en numerosos campos?

a. Promover la investigación inclusiva.
b. Desarrollar campañas de sensibilización.
c. Utilizar metodologías sensibles al género.
d. Programar acciones de educación continua.

10. Determina si la siguiente afirmación es verdadera o falsa: "Aplicar un enfoque de salud con perspectiva de género asegura que ambos géneros reciben una atención, mejorando los resultados generales de salud".

- Verdadero
- Falso

Unidad de aprendizaje 2

Descripción de la situación laboral de las mujeres en España

Contenido

Objetivos

El objetivo general de esta Unidad de Aprendizaje es:

- → Desarrollar los contenidos y las herramientas necesarias para identificar, prevenir y actuar contra la violencia de género en el ámbito laboral.

Los objetivos específicos de esta Unidad de Aprendizaje son:

- → Definir los conceptos necesarios para identificar las situaciones de acoso en el ámbito laboral.
- → Diferenciar las medidas de prevención y actuación aplicables en la empresa a los casos de violencia de género.
- → Enumerar los tipos de violencia de género que se producen en la empresa, así como las causas que la provocan.
- → Describir los indicadores que permiten mostrar la presencia de violencia en el trabajo.

1. Introducción

En las últimas décadas, la presencia de las mujeres en el ámbito laboral ha experimentado un incremento significativo, reflejando el avance hacia una sociedad más equitativa e inclusiva. Sin embargo, a pesar de estos progresos, las mujeres continúan enfrentándose a considerables desafíos y discriminaciones en el entorno laboral. En España, como en muchos otros países, la situación laboral de las mujeres está marcada por desigualdades en salarios, oportunidades de promoción y, muchas veces, un ambiente de trabajo que no siempre es propicio para el desarrollo pleno de sus capacidades. Estas desigualdades son, en ocasiones, manifestaciones de una violencia de género que persiste en el ámbito profesional, afectando no solo a las mujeres que la sufren directamente, sino también al tejido social y económico del país en su conjunto.

Abordar la situación laboral de las mujeres desde la perspectiva de género es crucial para identificar y eliminar las barreras que impiden su plena participación en el mercado laboral. Al entender cómo la violencia de género puede manifestarse en el ámbito del trabajo, no solo podemos visualizar la gravedad del problema, sino también idear estrategias efectivas para combatirlo. El conocimiento y la sensibilización son pasos esenciales para el cambio. Al dotarnos de una comprensión más profunda de estos temas, no solo podemos apoyar eficazmente a las víctimas de violencia de género en el trabajo, sino que también actuamos como agentes de cambio, contribuyendo a la creación de un entorno laboral más justo y equitativo para todos.

Para abordar la violencia de género en el trabajo, nos vamos a basar en la información que recibe Álvaro por parte de una alumna trabajadora de la empresa WorldPrint.

2. Identificación de la violencia de género en el ámbito laboral

Álvaro ha explicado hoy todo lo relacionado con la violencia de género en el trabajo. Al finalizar la clase, una alumna lo informa de que cree haber sido víctima de un acoso sexual por parte de un compañero de la empresa. Este le

Continúa en página siguiente >>

<< Viene de página anterior

proporciona toda la información y los contactos de los que dispone para que trate su caso.

El ámbito laboral es uno de los espacios donde la violencia de género puede manifestarse de manera explícita o sutil, influyendo en las relaciones laborales y afectando la seguridad y el bienestar de las mujeres trabajadoras. La identificación de la violencia de género en este contexto es una tarea esencial para implementar medidas preventivas y correctivas en pro de un entorno laboral igualitario y seguro.

Esta violencia puede adoptar múltiples formas, desde el acoso sexual hasta prácticas discriminatorias que perpetúan desigualdades de género. Estas manifestaciones no solo afectan directamente a las mujeres que trabajan, sino que también tienen repercusiones en el clima laboral general, la eficiencia y el rendimiento de las organizaciones.

Una de las formas de violencia de género es el acoso sexual por parte de mandos superiores.

2.1. Tipos de violencia de género en el trabajo

El **acoso sexual** es una de las formas más evidentes y denunciadas de violencia de género en el ámbito laboral. El acoso sexual no solo es una violación de los derechos humanos de las mujeres, sino que también genera un ambiente laboral hostil que afecta su desempeño y bienestar psicológico. Por ejemplo, una empleada que recibe comentarios constantes sobre su apariencia física con connotaciones sexuales por parte de un colega, o el envío repetido de correos electrónicos de contenido explícito sin su consentimiento, está siendo víctima de acoso sexual. Puede manifestarse mediante:

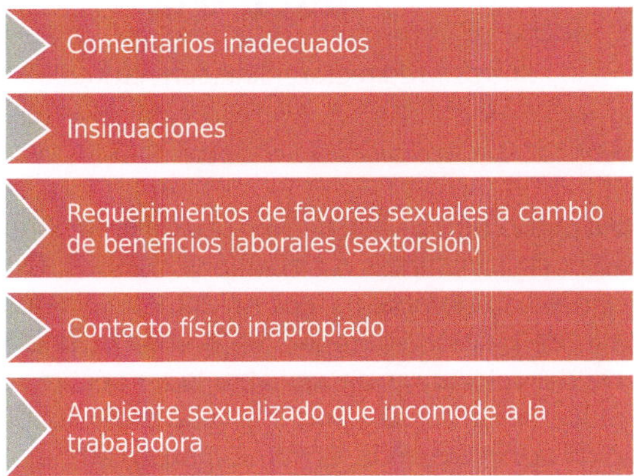

IMPORTANTE

Es fundamental crear políticas claras en las organizaciones que definan y prohíban el acoso sexual, estableciendo canales accesibles para denunciar estos comportamientos y protocolos efectivos para su tratamiento; además de la creación de campañas de sensibilización y capacitación continua para prevenir y erradicar tales conductas.

VÍDEO

Los organismos lanzan campañas de sensibilización contra el acoso laboral que pueden resultar interesantes. Accede a este enlace y visualiza una de ellas:

Continúa en página siguiente >>

<< Viene de página anterior

https://redirectoronline.com/ctri00090201

La **violencia psicológica** en el trabajo puede involucrar un trato humillante, descalificaciones constantes o aislamiento laboral. Esta sutil forma de violencia de género no siempre es fácil de detectar, ya que puede confundirse con un estilo de gestión exigente. Sin embargo, la diferencia radica en la intención de desvalorizar y menoscabar la autoestima de la víctima, impactando negativamente en su salud mental y profesional. Se manifiesta a través del uso de la intimidación, la manipulación emocional o el desprecio.

Para identificar esta forma de violencia, es necesario observar patrones de comportamiento, tales como críticas injustificadas repetidas, exclusión de reuniones importantes o sobrecarga de trabajo. La intervención temprana mediante apoyo psicológico y medidas disciplinarias es primordial para proteger a las víctimas y frenar este ciclo de abuso.

EJEMPLO

Un superior que menosprecia constantemente el trabajo de una empleada, ridiculizando sus esfuerzos en público o minando su reputación dentro de la organización.

PARA SABER MÁS

La violencia psicológica entraña riesgos importantes para las personas trabajadoras. El Instituto Nacional de Seguridad y Salud en el Trabajo (INSST) cataloga

Continúa en página siguiente >>

<< *Viene de página anterior*

esta violencia como riesgo laboral y, en su afán de prevención, cuenta con contenido específico sobre ello. Accede al siguiente enlace para visualizarlo:

https://redirectoronline.com/ctri00090202

A menudo, la **discriminación de género** es justificada bajo pretextos culturales o económicos, pese a que en realidad son incumplimientos de las normativas laborales. La discriminación basada en el género se manifiesta cuando las mujeres son tratadas de manera desigual en comparación con sus homólogos masculinos. Se refleja en distintas prácticas laborales y su identificación puede realizarse mediante la revisión de políticas salariales, el análisis de promociones internas y la revisión de políticas de recursos humanos. Algunas de estas prácticas son:

- La brecha salarial entre hombres y mujeres
- Las barreras para el acceso a puestos de liderazgo
- Desigualdades en la concesión de permisos por nacimiento de hijo/a
- Menor valoración de sus aportaciones debido exclusivamente a su género

NOTA

Implementar acciones afirmativas es una estrategia efectiva para corregir estas desigualdades, creando un entorno donde el talento y la competencia sean los únicos criterios de valoración.

EJEMPLO

Un caso típico sería el de una mujer que no es considerada para un puesto ejecutivo a pesar de tener igual o mayor cualificación que sus compañeros hombres, únicamente por prejuicios de género.

Los **micromachismos** son actitudes que, de manera acumulativa, pueden desgastar psicológica y emocionalmente a las mujeres en el entorno laboral. Incluyen usurpación de ideas, interrupciones constantes en reuniones o la expectativa de que las mujeres asuman tareas de menor responsabilidad (como preparar café o tomar notas).

EJEMPLO

Un micromachismo sería el jefe que siempre se dirige primero hacia los hombres para preguntar por soluciones a problemas complejos, ignorando las opiniones de las mujeres presentes.

Cuando estas actitudes se manifiestan a través de comentarios aparentemente triviales o chistes sexistas, que en conjunto crean un ambiente laboral desfavorable para las mujeres, existe **microagresión.** A menudo, estas actitudes se integran en la cultura organizacional, pasando desapercibidas pero contribuyendo a un entorno laboral discriminatorio. Es esencial fomentar una cultura de respeto e inclusión en la que se promueva el diálogo sobre la igualdad de género y se desarrollen talleres de sensibilización respecto a las microagresiones.

CONSEJO

Aunque la modificación de la cultura organizacional puede ser un proceso largo, se aconseja su realización al ser esta un componente importante en la erradicación de la violencia de género en el trabajo.

2.2. Otros tipos de violencia

A menudo, este tipo de violencia es más insidiosa que en otros contextos debido a su capacidad de camuflarse en interacciones cotidianas y normas culturales establecidas. A continuación, se describen otros tipos de violencia de género en el trabajo, acompañados de ejemplos que ilustran cada caso:

- ***Mobbing.*** Se refiere a conductas persistentes destinadas a aislar o menospreciar a una trabajadora debido a su género, creando un ambiente de trabajo hostil. Por ejemplo, cuando un grupo de empleados decide excluir a una mujer de actividades laborales o deliberadamente ocultarle información importante para el desempeño de su trabajo.
- **Ciberacoso laboral.** Este tipo de violencia hacia las mujeres consiste en la intimidación persistente en el ámbito laboral por medio de tecnologías digitales (móvil, *e-mail*, intranet, etc.) y que busca atemorizar o humillar. Se puede manifestar a través del envío de mensajes de correo electrónico ofensivos o de contenido sexual, difusión de rumores o información falsa que perjudique la reputación de la trabajadora, aislamiento social en equipos de trabajo digitales o control excesivo de la actividad en línea de la trabajadora.
- **Acoso por embarazo.** Este tipo de discriminación se da cuando las mujeres son perjudicadas en su puesto de trabajo por el simple hecho de estar embarazadas o tener hijos/as. Suele manifestarse en forma de despidos injustificados durante o después de la baja por nacimiento, la disminución de responsabilidades o el no considerar sus candidaturas para ascensos por el prejuicio de que no podrán rendir igual debido a sus obligaciones familiares.

- **Control del tiempo.** Implica la imposición de horarios inflexibles o modificaciones arbitrarias que afectan desproporcionadamente a las mujeres, muchas de las cuales asumen la mayor parte del cuidado del hogar y la familia. Un ejemplo de esto sería exigirles a las trabajadoras que cumplan jornadas extensas sin previo aviso, comprometiendo así su capacidad para equilibrar el trabajo con sus responsabilidades en el hogar, impidiendo la conciliación familiar y laboral.
- **Violencia simbólica.** Aunque más sutil, esta violencia consiste en el uso de símbolos, imágenes o mensajes que consolidan estereotipos de género y relegan a las mujeres a papeles de inferioridad o subordinación. Puede reflejarse en la falta de referentes femeninos en posiciones de poder dentro de la empresa o en comunicaciones internas que refuercen roles tradicionales de género, perpetuando así conceptos culturales dañinos.
- **Cultura organizacional machista.** Se refiere a un ambiente de trabajo donde la masculinidad es sobrevalorada, y las conductas tradicionales masculinas como la agresividad o la competitividad son incentivadas, mientras que las cualidades asociadas tradicionalmente con lo femenino, como la empatía o la cooperación, se devalúan. Esta cultura puede crear un lugar menos acogedor para las mujeres y fomentar, de manera indirecta, otros tipos de violencia.

IMPORTANTE

Estos tipos de violencia de género no son mutuamente excluyentes, ya que una mujer puede experimentar múltiples formas al mismo tiempo, con consecuencias en el ámbito profesional, limitando el acceso a oportunidades laborales y el avance de la carrera profesional, y en el ámbito personal, afectando la salud mental y la seguridad emocional de las trabajadoras.

TAREA 2

Atendiendo a las siguientes situaciones, identifica qué tipo de acoso es y por qué.

a. Liliana es una trabajadora de aspecto grueso y por este motivo sus compañeros suelen hacerle bromas groseras.

Continúa en página siguiente >>

<< Viene de página anterior

b. Una trabajadora recibe mensajes obscenos de su jefe a través del correo electrónico de la empresa.
c. En un centro de entrenamiento personal ha empezado a trabajar una monitora. Aunque realiza su tarea igual que el resto de empleados, uno de ellos hace valoraciones injustas, ya que considera que no es un trabajo para mujeres.
d. Una trabajadora recibe por parte de su superior constantes comentarios humillantes sobre su trabajo, lo que le ha ocasionado crisis de ansiedad habituales.

2.3. Distinción entre acoso sexual y acoso por razón de sexo

En el ámbito laboral, entender la diferencia entre acoso sexual y acoso por razón de sexo significa abordar los problemas de inequidad de género de una forma efectiva. Ambos conceptos están anclados en prejuicios y desequilibrios de poder que afectan desproporcionadamente a las mujeres, y es necesario comprender sus diferencias para llevar a cabo políticas de igualdad de género y fomentar un ambiente de trabajo seguro y respetuoso. La Directiva 2006/54/CE del Parlamento Europeo y la Ley Orgánica 3/2007 definen el acoso sexual y el acoso por razón sexo como:

Acoso sexual	Acoso por razón de sexo
- La situación en que se produce un comportamiento verbal, no verbal o físico de naturaleza sexual con el propósito o el efecto de atentar contra la dignidad de una persona, en particular cuando se crea un entorno intimidatorio, hostil, degradante, humillante u ofensivo.	- Cualquier comportamiento realizado en función del sexo de una persona, con el propósito o el efecto de atentar contra su dignidad y de crear un entorno intimidatorio, degradante u ofensivo.

EJEMPLO

El acoso por razón de sexo se puede manifestar en descalificaciones constantes a una empleada por ser mujer, incluso haciendo comparaciones despectivas con sus compañeros; otra forma sería excluir sistemáticamente a las mujeres de reuniones importantes con la presunción de que su género tiene límites en ciertos contextos profesionales.

La confusión entre ambos conceptos suele surgir porque ambos tipos de acoso afectan la dignidad y el bienestar de las personas, y son la representación de la desigualdad estructural basada en género. Sin embargo, la **diferencia fundamental radica en el objeto del acoso:**

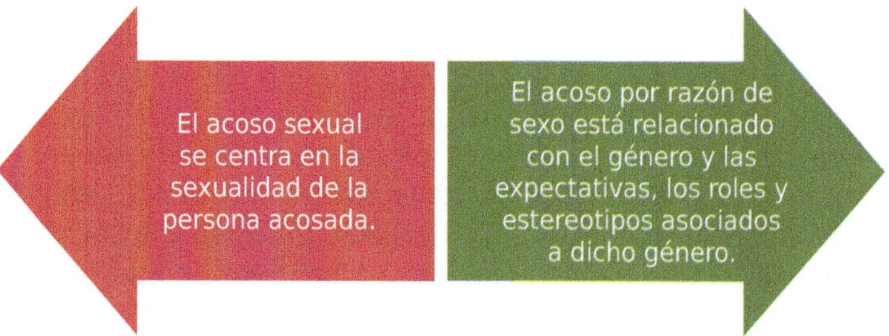

A pesar de sus diferencias, tanto el acoso sexual como el acoso por razón de sexo **contribuyen a perpetuar un entorno laboral hostil y a reforzar la discriminación de género.** Ambos tipos de acoso representan una forma de violencia de género que debe ser abordada y erradicada de manera conjunta por las políticas de igualdad, protocolos internos de empresa y la legislación nacional e internacional.

EJEMPLO

Mónica es una trabajadora que se encuentra en las siguientes situaciones en su trabajo:

Continúa en página siguiente >>

<< Viene de página anterior

- En ocasiones, su jefe actúa como se muestra en la imagen. Este comportamiento es acoso sexual, ya que existe una situación no deseada, un entorno intimidatorio, tiene carácter sexual y atenta contra la dignidad de Mónica.

- Cuando se quedó embarazada, el jefe y algunos compañeros actuaban como se ve en la imagen. Estos comportamientos son acoso por razón de sexo al existir situaciones discriminatorias y ofensivas hacia Mónica por su estado maternal.

ACTIVIDAD COMPLEMENTARIA

2. Una trabajadora en situación económica precaria, tras su incorporación de la baja maternal, ha solicitado la reducción de jornada por cuidado de menor,

Continúa en página siguiente >>

<< Viene de página anterior

siendo esta denegada. Lo ha intentado en varias ocasiones más y en las respuestas negativas recibidas siempre incluyen el despido como posible solución. ¿Se considera acoso esta conducta de la empresa? ¿Cómo se califica?

2.4. Causas del acoso en el entorno laboral

El acoso en el entorno laboral es un fenómeno que ha ganado visibilidad en las últimas décadas debido a su prevalencia y a los graves efectos que tiene sobre las personas, la organización y la sociedad en general. Este tipo de acoso se puede manifestar de diversas formas, tales como abuso de poder, acoso psicológico o acoso sexual, entre otros, y puede afectar a cualquier trabajador/a, aunque las mujeres suelen ser más vulnerables debido a factores de desigualdad estructural.

Algunas de las **causas** que pueden ser el origen de una situación de acoso son:

- La **cultura organizacional** predominante en muchas empresas, con actitudes permisivas hacia el acoso, de forma que se prioricen los resultados económicos sobre el bienestar de la plantilla o bien por la falta de sensibilidad hacia cuestiones de género.
- El **machismo y la desigualdad de género** son causas fundamentales del acoso laboral, especialmente hacia las mujeres, que pueden ser objeto de comentarios despectivos, trato injusto o ser valoradas por atributos físicos más que por sus habilidades y aportaciones profesionales.
- La **estructura jerárquica** puede crear un desequilibrio de poder significativo entre los empleados y sus superiores; donde el poder está altamente centralizado, los individuos con autoridad pueden abusar de su posición para ejercer un control injusto sobre sus subordinados, lo que muchas veces se traduce en acoso.

Continúa en página siguiente >>

<< Viene de página anterior

La **falta de políticas claras y efectivas en las organizaciones** para manejar las quejas de acoso desincentiva a las víctimas a comunicar incidentes, e incluso existiendo tales políticas puede haber una falta de implementación efectiva o de formación adecuada en todos los niveles de la organización que propicie las situaciones de acoso.

En **ambientes de alta presión,** donde el miedo a perder el empleo es real, el comportamiento hostil puede incrementarse intensificando las tensiones y rivalidades personales, y proporcionando una situación ideal para el acoso.

Compañías con **poca diversidad de género** en su plantilla, especialmente en posiciones de liderazgo, suelen tener una visión homogénea que puede fomentar comportamientos sesgados y perpetuar patrones de conducta discriminatorios, de forma que las personas que no siguen las normas establecidas son silenciadas con prácticas de acoso.

En muchos contextos, las **leyes y regulaciones,** así como los **mecanismos judiciales,** son **ineficaces,** no siendo lo suficientemente contundentes para disuadir o castigar el acoso, o bien son interpretadas de manera restrictiva, lo que dificulta la defensa de las víctimas.

La **ley del silencio** que prevalece en muchas organizaciones hace que los acosadores crean que sus acciones no tendrán consecuencias, siendo esta inmunidad alimentada por una respuesta inefectiva o insuficiente de las entidades encargadas de la justicia laboral y por la insuficiencia de recursos para la protección de las víctimas.

2.5. El impacto de la violencia de género

La presencia de violencia de género en el lugar de trabajo puede tener un **impacto devastador en el desarrollo profesional de las mujeres,** limitando sus oportunidades de crecimiento, promoción y reconocimiento. Las mujeres que se enfrentan a estas situaciones experimentan altos niveles de estrés, ansiedad y una disminución en su satisfacción laboral, lo que a menudo conduce a la baja rotación de personal femenino o a la exclusión total del mercado laboral. Las acciones que pueden ayudar a contrarrestar estos efectos son:

Entorno motivador
- Fomentar un entorno donde se celebren y apoyen los logros de las mujeres. La responsabilidad de fomentar un ambiente positivo y seguro recae principalmente en aquellos que gestionan y dirigen equipos.

Políticas de igualdad
- Promover políticas de igualdad de oportunidades en la empresa. La implementación de programas de liderazgo inclusivo y el establecimiento de una comunicación abierta y accesible son fundamentales para garantizar que todas las voces sean escuchadas y que cualquier incidente de violencia de género sea abordado con la seriedad y el respeto necesarios.

Modelo equitativo
- Avanzar hacia un modelo de desarrollo profesional equitativo para todos los géneros. Los líderes deben estar capacitados para identificar y responder adecuadamente a situaciones de violencia de género, persiguiendo un modelo de conducta adecuado que lleve a una promoción igualitaria.

IMPORTANTE

Los líderes y gerentes juegan un papel clave en la identificación y la solución de la violencia de género en el lugar de trabajo.

2.6. Indicadores de violencia de género en el ámbito laboral

A fin de comprender y abordar el obstáculo que supone la violencia de género para la equidad y el desarrollo profesional de las mujeres, es esencial identificar y analizar los indicadores que nos permitan visualizar la presencia de violencia en el trabajo. Estos indicadores posibilitan una adecuada intervención tanto a nivel organizacional como a nivel de políticas públicas.

Algunos de los indicadores más comunes son:

- **Brecha salarial.** A pesar de los avances logrados, las mujeres continúan ganando menos que los hombres por desempeñar trabajos de igual valor. Esta discriminación salarial es una forma de violencia económica que menoscaba su autonomía financiera y perpetúa las desigualdades.

- **Techo de cristal.** Las mujeres a menudo se enfrentan a un acceso desigual a oportunidades de liderazgo y promoción que limita su capacidad para alcanzar puestos directivos. Esto se ve reforzado por narrativas culturales y prejuicios de género que cuestionan sus capacidades. La exclusión de las mujeres de las redes informales de poder y toma de decisiones limita su acceso a información y oportunidades clave, reforzando la desigualdad de género.
- **Suelo pegajoso.** Las mujeres que realizan trabajos con baja remuneración y sin posibilidades de promoción son las que se ven, en general, afectadas por este fenómeno. Se refiere a la situación en la que las mujeres permanecen en puestos de trabajo precarios sin posibilidades de desarrollo profesional por los obstáculos que sufren.
- **Acoso laboral y sexual.** Este tipo de violencia no solo tiene repercusiones negativas en la salud mental y física de las víctimas, sino que también afecta su rendimiento laboral y oportunidades de promoción. Un entorno de trabajo hostil inhibe la participación plena de las mujeres y perpetúa la cultura del miedo y el silencio. Además, la falta de mecanismos transparentes y efectivos para la resolución de estas situaciones desalienta a las víctimas a denunciar.
- **Segregación ocupacional.** Las mujeres siguen siendo predominantemente representadas en sectores de baja remuneración y con escasas oportunidades de promoción, como la educación, la salud y el servicio doméstico. Esta segregación limita sus opciones laborales y refuerza estereotipos de género restrictivos, impactando negativamente en la equidad de género en el trabajo.

  De forma adicional, otro indicador que tener en cuenta es la poca participación femenina en sectores masculinizados como la ingeniería o las tecnologías de la información.
- **Contratación a tiempo parcial predominantemente femenina.** Las mujeres tienden a ocupar un mayor número de trabajos a tiempo parcial en comparación con los hombres, a menudo como resultado de la necesidad de equilibrar las responsabilidades familiares y laborales. Este fenómeno es un reflejo del insuficiente apoyo institucional para la conciliación laboral y familiar, y se traduce en menores ingresos y beneficios laborales acumulados a lo largo de la vida.
- **Poco acceso a programas de capacitación y desarrollo profesional.** La falta de acceso a estos programas también puede indicar violencia de género en el ambiente laboral. Las organizaciones que no ofrecen igualdad de acceso a la capacitación limitan las posibilidades de crecimiento profesional de las mujeres, manteniéndolas en posiciones de menor jerarquía y reduciendo su competitividad en el mercado laboral.

- **Políticas laborales intolerantes.** La violencia de género también puede manifestarse a través de la intolerancia hacia la diversidad y la discriminación de género en políticas laborales, representando otro indicador clave. Las políticas que no reconocen las necesidades específicas de género o que carecen de perspectiva de género perpetúan ambientes de trabajo injustos y desiguales.

Enfrentar estos indicadores requiere un **enfoque multidimensional** que abarque tanto la implementación de políticas inclusivas y equitativas como el fomento de una cultura organizacional de respeto e igualdad.

El análisis y la monitorización constantes de estos indicadores son útiles para medir el avance hacia la eliminación de la violencia de género en el trabajo. Al crear una cultura de tolerancia cero hacia cualquier forma de violencia, las organizaciones pueden contribuir no solo al bienestar de sus empleadas, sino también a la mejora de la productividad y el desarrollo socioeconómico en general.

Las estadísticas ponen de relieve la situación de las mujeres en distintos sectores. Accede al siguiente enlace y visualiza los vídeos con datos actuales:

https://redirectoronline.com/ctri00090203

2.7. Medidas de prevención y actuación frente al acoso

En el entorno laboral, el acoso representa una de las consecuencias más evidentes de las desigualdades estructurales y de la violencia de género que pueden manifestarse en el día a día de las mujeres. Se han de implementar medidas eficaces de prevención y actuación para abordar este problema y fomentar un ambiente de trabajo seguro, equitativo y respetuoso.

Algunas **acciones y estrategias** esenciales para prevenir y combatir el acoso laboral, proporcionando tanto a las empresas como a las personas trabajadoras herramientas y recursos necesarios para enfrentar esta problemática, son:

- **Medidas de prevención:**

  a. Uno de los pasos para prevenir el acoso es el establecimiento de una cultura organizacional inclusiva y con tolerancia cero hacia cualquier forma de violencia o discriminación. Esto puede lograrse mediante la creación de valores corporativos que promuevan la igualdad, el respeto y la no discriminación, asegurando que estén bien comunicados a todos los niveles de la organización.
  b. Las empresas deben desarrollar, implementar y comunicar políticas contra el acoso de manera clara y accesible. Estas políticas deben definir qué constituye acoso, establecer canales confidenciales de denuncia y especificar las consecuencias para los infractores. Además, deben estar acompañadas de un compromiso de la alta dirección para su aplicación efectiva.
  c. La capacitación regular y efectiva sobre sensibilización de género y prevención del acoso es esencial. Debe estar destinada a toda la plantilla (incluidos Dirección y Recursos Humanos). La formación debe basarse en qué comportamientos son inaceptables, cómo reconocer situaciones de acoso y cómo denunciarlas adecuadamente.
  d. Las organizaciones deben implementar herramientas para evaluar periódicamente el clima laboral y detectar comportamientos de acoso antes de que se conviertan en problemas más graves. Las encuestas anónimas y los grupos focales son útiles para entender mejor la percepción que las personas empleadas tienen respecto al acoso en su entorno de trabajo.
  e. Promover activamente la igualdad de oportunidades para ambos géneros puede ayudar a reducir el acoso. Esto incluye la implementación de medidas de acción positiva, como programas de *mentoring* para mujeres, políticas de conciliación laboral y familiar, además de una representación equitativa de géneros en roles de liderazgo.

- **Medidas de actuación:**

  a. Una vez comunicado un caso de acoso, deben existir protocolos de actuación claros para abordar la situación de manera rápida y efectiva, de forma que aseguren la protección de la víctima, garanticen su confidencialidad, y establezcan procedimientos para investigar y resolver la denuncia.

b. Las víctimas de acoso laboral deben tener acceso a recursos que les brinden apoyo emocional y legal, incluyendo servicios de asesoría psicológica, asistencia legal gratuita y líneas de ayuda confidencial para la orientación y el apoyo a las víctimas.
c. Las investigaciones sobre acoso han de ser llevadas a cabo de manera imparcial y justa, respetando los derechos de todas las partes implicadas. Se asignarán personas capacitadas para llevar a cabo estas investigaciones, asegurando que las conclusiones se basan en pruebas objetivas y testimonios verificables.
d. Cuando se confirme un caso de acoso, las sanciones deben ser proporcionales a la gravedad de la conducta y deben cumplirse de manera coherente. Esto puede incluir desde advertencias formales hasta el despido, según la naturaleza y la gravedad del acoso.
e. Las políticas y los procedimientos se revisarán regularmente y se modificarán según sea necesario para conseguir que permanezcan efectivos. Recomendar cambios basados en la experiencia y las nuevas normas legales aseguran que las medidas de prevención y actuación continúen siendo relevantes y efectivas.

EJEMPLO

Como ejemplos de buenas prácticas en la prevención y la actuación frente al acoso se muestran:

- Una conocida empresa de tecnología implementó un programa de inclusión y diversidad que incluye talleres mensuales para todos sus empleados sobre el respeto en el lugar de trabajo. Ha desarrollado una plataforma en línea para reportar incidentes de forma anónima y asegurar que su personal se sienta seguro al denunciar sin temor a represalias.
- Una fábrica automovilística estableció un comité de ética compuesto por representantes de diferentes áreas, quienes son responsables de revisar y anotar en tiempo real los informes anónimos sobre acoso y brindar una respuesta rápida. Estos comités se reúnen mensualmente para discutir tendencias y recomendar políticas.

APLICACIÓN PRÁCTICA

En una reunión realizada en la empresa MM, como consecuencia de varios casos de acoso ocurridos en los últimos meses, se presentan un conjunto de medidas. ¿Cuáles serán de prevención y cuáles de actuación?

a. Cultura organizacional inclusiva y respetuosa.
b. Protocolos de actuación claros y eficaces.
c. Políticas claras contra el acoso.
d. Formación y sensibilización.
e. Investigación imparcial y justa.
f. Acceso a recursos de apoyo.
g. Promoción de la igualdad de género.
h. Análisis y mejora continua.
i. Evaluación constante del clima laboral.
j. Sanciones adecuadas y proporcionales.

Solución

Implementar medidas de prevención y actuación frente a la violencia laboral y el acoso no solo es una obligación ética y legal para las empresas, sino también una inversión en el bienestar y la productividad de su fuerza laboral.

3. Resumen

La **violencia de género en el ámbito laboral puede tomar múltiples formas,** todas ellas añadiendo un nivel adicional de complejidad a la subestimación y el acoso que muchas mujeres enfrentan diariamente. A menudo, estas situaciones no solo afectan su desarrollo profesional, sino que tienen un impacto en el clima laboral. El acoso sexual, la violencia psicológica, la discriminación de género, los micromachismos y las microagresiones son, entre otras, formas de violencia de género.

Entender las formas de violencia de género específicas del entorno laboral para poder identificarlas y enfrentarlas eficazmente pasa por conocer algunos de los **indicadores** de este tipo de violencia, tales como:

El diálogo sobre la violencia de género ha evolucionado para incluir una comprensión más robusta de los distintos tipos de violencia que pueden ocurrir en los espacios de trabajo, desde el acoso sexual explícito hasta el acoso por razón de sexo, cada uno con particularidades que demandan atención y respuesta diferenciadas.

Las **causas de acoso en el trabajo** pueden ser amplias y variadas, refiriéndose comúnmente a dinámicas de poder desiguales y a una cultura organizativa que puede perpetuar el silencio e inhibir las denuncias. Abordar estas causas es esencial para crear un cambio sostenido y duradero que fomente la igualdad de género en el lugar de trabajo.

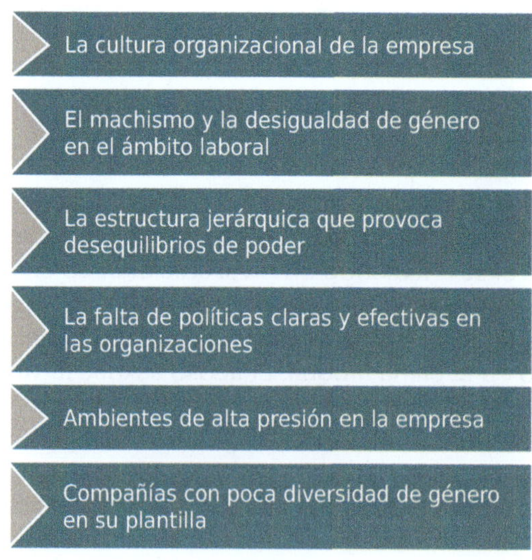

Continúa en página siguiente >>

<< *Viene de página anterior*

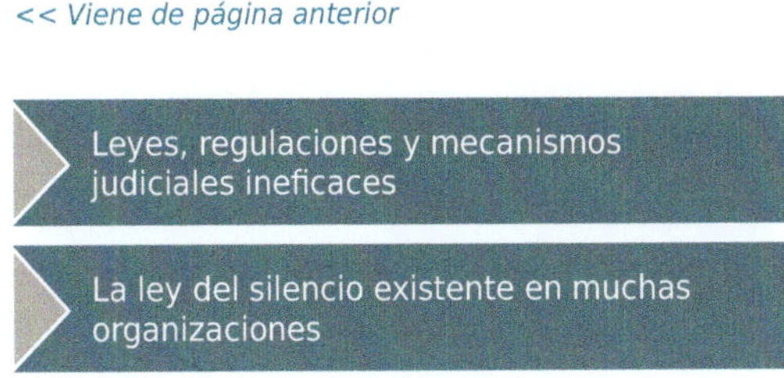

Frente a estos desafíos, las medidas de prevención y actuación son instrumentos fundamentales. Iniciativas dirigidas a sensibilizar a los empleados, implementar políticas de tolerancia cero, y establecer procedimientos claros para la denuncia y el manejo de casos son pasos necesarios para transformar el ambiente laboral desde las bases.

Ejercicios de autoevaluación Unidad de Aprendizaje 2

1. ¿Cómo se puede manifestar la violencia psicológica?

a. Trato humillante.
b. Descalificaciones constantes.
c. Aislamiento laboral.
d. Todas las opciones son correctas.

2. Si en una reunión a la que asisten trabajadores y trabajadoras solo se tienen en cuenta las aportaciones de los primeros, ¿qué se está produciendo?

a. Acoso sexual.
b. Sextorsión.
c. Micromachismo.
d. Equidad de género.

3. ¿Qué es el *mobbing?*

a. La utilización de símbolos e imágenes que consolidan los estereotipos de género y relegan a las mujeres a papeles de inferioridad.
b. Las conductas persistentes destinadas a menospreciar a una trabajadora debido a su género.
c. El despido injustificado producido después de una baja maternal.
d. La intimidación en el ámbito laboral por medios tecnológicos.

4. Indica si la siguiente afirmación es verdadera o falsa: "Si una mujer sufre *mobbing* en el trabajo no puede sufrir violencia simbólica".

- Verdadero
- Falso

5. ¿Cuáles son indicadores de violencia de género en la empresa?

a. Segregación ocupacional.
b. Contratación indefinida.

c. Control escaso del tiempo de trabajo.
d. Políticas laborales no tolerantes.

6. Determina si la siguiente afirmación es verdadera o falsa: "Techo de cristal es igual a discriminación salarial".

- Verdadero
- Falso

7. Determina si la siguiente afirmación es verdadera o falsa: "El suelo pegajoso lo sufren las trabajadoras que no tienen un acceso igualitario a las oportunidades de liderazgo y promoción en la empresa".

- Verdadero
- Falso

8. El comportamiento realizado en función del sexo de una persona para atentar contra su dignidad y crear un entorno intimidatorio, degradante u ofensivo es...

a. ... acoso por razón de sexo.
b. ... acoso ambiental.
c. ... desigualdad salarial.
d. ... acoso sexual.

9. ¿Cuáles son las causas del acoso en el entorno laboral?

a. La falta de acceso a los programas de capacitación y desarrollo profesional.
b. La ley del silencio en algunas empresas que amparan a los acosadores.
c. La escasa diversidad de género en la plantilla.
d. El ambiente de alta presión que genera miedo por la pérdida del empleo.

10. ¿Cuáles de las siguientes opciones son medidas de prevención del acoso en la empresa?

a. La promoción de la igualdad de oportunidades entre ambos géneros.
b. El establecimiento de una cultura organizacional inclusiva y de tolerancia cero.
c. La revisión regular de las políticas y los procedimientos de prevención.
d. La aplicación de protocolos de actuación claros y efectivos.

Unidad de aprendizaje 3

Análisis del marco normativo en igualdad en España

Contenido

1. Introducción
2. Conocimiento de la normativa de referencia para la elaboración de planes de igualdad
3. Resumen

Objetivos

El objetivo general de esta Unidad de Aprendizaje es:

→ Presentar el marco normativo por el que se rige en España la igualdad y, muy especialmente, los planes de igualdad.

Los objetivos específicos de esta Unidad de Aprendizaje son:

→ Analizar la Ley de Igualdad como norma principal a nivel nacional.

→ Identificar qué normas internacionales destacan en relación con la igualdad entre mujeres y hombres.

→ Interpretar las directivas europeas que ayudan a la implementación del concepto de igualdad en determinados aspectos empresariales.

→ Considerar la normativa autonómica como un valor añadido a las leyes nacionales.

1. Introducción

El marco normativo de igualdad en España no solo se sustenta en su legislación nacional, como la Ley de Igualdad de Oportunidades, sino que también está enriquecido por directivas de la Unión Europea, normativas autonómicas y acuerdos internacionales que refuerzan y contextualizan la legislación local. Cada nivel normativo aporta un enfoque específico que permite a diversos actores sociales y económicos, desde Gobiernos hasta organizaciones, articular estrategias efectivas de igualdad.

La importancia de comprender este marco legal se refleja en su impacto directo en la vida diaria de la ciudadanía y en el funcionamiento de las empresas. La adaptación y el cumplimiento de estas normativas facilitan la generación de un entorno laboral más equitativo y ético, donde las decisiones sobre contratación, promoción, remuneración y conciliación se basan únicamente en las capacidades y habilidades de una persona, eliminando prejuicios y discriminación de género.

Con el fin de interiorizar estos enfoques legislativos, nos guiaremos por cómo Álvaro imparte este módulo con el que pretende que su alumnado se convierta en agente de cambio que promueva la igualdad en sus respectivas áreas en la empresa WorldPrint.

2. Conocimiento de la normativa de referencia para la elaboración de planes de igualdad

HILO CONDUCTOR

Álvaro sabe que el siguiente módulo del curso es denso y pesado, por lo que ha ideado una forma de impartirlo que lo haga más ameno. Ha divido al alumnado en cuatro grupos: internacional, europeo, nacional y autonómico. Cada uno investigará sobre la legislación vigente en el año en curso y la información localizada la pondrán en común. Álvaro lo supervisará para conseguir finalmente un contenido teórico adecuado para diseñar un plan de igualdad en la empresa.

La normativa en España en torno a los planes de igualdad es robusta y ofrece un marco detallado para que las organizaciones puedan entender sus obligaciones legales. Para que los **planes de igualdad tengan éxito,**

deben ser claros, manejables y basados en un diagnóstico realista y participativo. Las empresas no solo promueven la justicia social con su implementación, sino que también pueden beneficiarse de mejoras en el clima laboral y mayor cohesión empresarial al erradicar barreras discriminatorias que afectan la productividad y la innovación.

Conocer la normativa de referencia para la elaboración de planes de igualdad es esencial para desarrollar medidas efectivas y legales que promuevan la igualdad de género en cualquier organización o entidad. En España, este proceso está enmarcado dentro de una amplia gama de legislaciones, tanto a nivel nacional como de la Unión Europea, que orientan y regulan las iniciativas enfocadas en alcanzar la igualdad de género en el ámbito laboral y social.

El conocimiento de la normativa de referencia no solo es vital para su aplicación efectiva, sino que también representa un compromiso ético para contribuir a una sociedad más justa y equitativa en la que mujeres y hombres disfruten realmente de las mismas oportunidades y derechos.

Para garantizar el cumplimiento de los planes de igualdad y su efectividad, la normativa también contempla la necesidad de establecer organismos de vigilancia y sanción. En España, el **Instituto de las Mujeres** desempeña un papel relevante en la supervisión y el apoyo a la implementación de políticas de igualdad de género. En su página web dispone de información actualizada y ofrece asesoramiento en el diseño y la elaboración del plan de igualdad de obligado cumplimiento para las empresas que tengan más de cincuenta personas trabajadoras en plantilla.

Además, existen incentivos y programas de certificación para aquellas entidades que demuestren un compromiso efectivo con la igualdad de género, como el **Distintivo Igualdad en la Empresa (DIE).**

Logo del Distintivo Igualdad en la Empresa

PARA SABER MÁS

Las empresas que consiguen el Distintivo Igualdad en la empresa forman parte de la Red DIE. Accede al siguiente enlace del Instituto de las Mujeres para ver más información sobre ello:

https://redirectoronline.com/ctri00090301

2.1. Ley para la Igualdad Efectiva de Mujeres y Hombres

La Ley Orgánica 3/2007, del 22 de marzo, es un referente y uno de los pilares fundamentales dentro de la legislación española que establece un marco jurídico claro y efectivo en materia de igualdad de oportunidades. Se fundamenta en los principios constitucionales recogidos en el artículo 14 de la Constitución Española, que garantiza la igualdad ante la ley y prohíbe cualquier discriminación por razón de nacimiento, raza, sexo, religión, opinión o cualquier otra condición o circunstancia personal o social.

Esta ley establece la necesidad de promover y defender la igualdad real en todos los aspectos de la vida pública y privada, apuntando especialmente al ámbito laboral.

IMPORTANTE

Según recoge esta ley, las empresas tienen la obligación de negociar con los representantes de las personas trabajadoras la implantación de un plan de igualdad, cuando la plantilla sea superior a 50 trabajadores, con el objetivo de garantizar la igualdad de trato y de oportunidades entre mujeres y hombres, y de eliminar la discriminación por razón de sexo.

En este ámbito, dicha ley establece **medidas concretas** para eliminar la discriminación, promover la igualdad de trato y de oportunidades, y prevenir o erradicar el acoso sexual y el acoso por razón de sexo. Estas medidas no solo buscan garantizar la no discriminación, sino que también apuestan por un ambiente de trabajo inclusivo que valore la diversidad y potencie el talento sin distinción de género. Entre ellas se incluyen:

- La promoción de la igualdad retributiva
- La implementación de políticas de igualdad en el reclutamiento de personal y en el proceso de selección
- La aplicación de políticas de igualdad en el proceso de promoción laboral
- La difusión de códigos de buenas prácticas, la realización de campañas informativas o acciones formativas para prevenir el acoso en la empresa

CONSEJO

Para que un plan de igualdad sea eficaz ha de realizarse sobre un diagnóstico previo de la situación de igualdad en la empresa basado en un análisis de diversas variables, como la representación de las mujeres en diferentes niveles y departamentos de la organización, la brecha salarial de género, y las políticas de conciliación de la vida laboral y personal.

A pesar de los avances logrados gracias a esta ley, todavía existen desafíos que deben ser afrontados para alcanzar una verdadera igualdad, ya que las brechas salariales entre hombres y mujeres, la conciliación entre vida laboral y personal, y el acceso equitativo a oportunidades de liderazgo siguen siendo áreas donde persiste la desigualdad.

Normas complementarias a la Ley de Igualdad

El marco normativo español recoge normas que completan las disposiciones de la Ley Orgánica 3/2007 en materia de planes de igualdad y lucha contra cualquier forma de discriminación. Entre ellas están:

Real Decreto Ley 6/2019, de 1 de marzo
- Según esta norma, todas las empresas, independientemente del número de personas empleadas, deben implementar políticas de igualdad. Refuerza la figura del registro salarial, herramienta clave para identificar y solventar desigualdades salariales de manera objetiva.

Real Decreto 901/2020, de 13 de octubre
- La elaboración de los planes de igualdad al que están obligadas algunas empresas se ha de realizar bajo las disposiciones que se incluyen en este desarrollo reglamentario. A su vez, recoge la obligatoriedad empresarial de su registro.

Real Decreto 902/2020, de 13 de octubre
- Este real decreto determina que en el ámbito de las relaciones laborales se deben aplicar un conjunto de normas para lograr la igualdad de trato y no discriminación entre mujeres y hombres en materia retributiva.

Ley 15/2022, de 12 de julio
- Para promover y garantizar la igualdad de trato y la no discriminación, esta norma regula los derechos y las obligaciones de las personas, desarrolla los principios de actuación de los organismos e incluye las medidas para prevenir, eliminar y corregir cualquier forma de discriminación.

Ley Orgánica 2/2024, de 1 de agosto
- Con los importantes cambios que esta norma aplica en la legislación española, se pretende conseguir una representación paritaria y una presencia equilibrada de mujeres y hombres en los ámbitos políticos y económicos.

APLICACIÓN PRÁCTICA

Montse acaba de cobrar el sueldo del mes. En una conversación con su compañero Rafael mencionan el importe que cobra cada uno, poniéndose de manifiesto la diferencia que existe entre ambos. Como su compañero realiza la misma función que ella, se ha dirigido al Departamento de Recursos Humanos para que le expliquen por qué cobra menos que él. Montse sabe que hay una norma española de igualdad retributiva por trabajo de igual valor. ¿Qué normativa es?

Solución

Esta norma es la que regula la igualdad de trato y no discriminación entre mujeres y hombres en materia retributiva. La ley Orgánica 2/2024 recoge la representación paritaria; el Real Decreto Ley 6/2019, la implementación de políticas de igualdad; y la Ley 15/2022, los derechos y las obligaciones de las personas en materia de igualdad de trato y no discriminación.

2.2. Normas internacionales

A lo largo de los años, diversos organismos internacionales han desarrollado un conjunto de leyes orientadas a garantizar un trato equitativo entre mujeres y hombres, fomentando una sociedad más justa e inclusiva. Los convenios internacionales sirven de cimiento para **establecer compromisos y marcos de referencia que guían a las naciones en la implementación de políticas paritarias.** A través de estos acuerdos, los países se comprometen a adoptar medidas concretas para erradicar la discriminación de género y promover la equidad en todos los niveles de la sociedad.

Las normas internacionales de referencia en el ámbito de la igualdad entre mujeres y hombres son:

- **Convención sobre la Eliminación de Todas las Formas de Discriminación contra la Mujer (CEDAW).** Esta convención es uno de los tratados internacionales más relevantes en materia de igualdad de género, considerado la carta magna de las mujeres. Establece un marco integral para la eliminación de la discriminación contra las mujeres en todas las esferas de la vida. Los dirigentes de los 180 países ratificados han de implementar políticas en todos los sectores: igualdad de empleo, derechos familiares, educación, salud y representación política. Esta convención define lo que constituye discriminación y establece una agenda de acción nacional al respecto, comprometiendo a los países a incorporar el principio de igualdad en sus sistemas jurídicos, derogar leyes consideradas discriminatorias, adoptar medidas apropiadas para asegurar la protección de las mujeres y realizar informes periódicos al comité de la ONU, que supervisa su implementación.

- **Planes de Acción de Beijing y Plataforma de Acción.** La Cuarta Conferencia Mundial sobre la Mujer, celebrada en Beijing, dio como resultado la adopción de la Declaración y Plataforma de Acción de Beijing, un hito en el reconocimiento y la promoción de los derechos de las mujeres en la lucha por la igualdad de género. La plataforma de acción de Beijing trazó objetivos estratégicos para 12 áreas críticas de preocupación, como la pobreza, la violencia, la salud y los derechos de la mujer, entre otras. Enfatiza la necesidad de involucrar a los hombres y niños en el esfuerzo por lograr la igualdad de género. Reconoce que, sin un cambio cultural que reduzca los patrones tradicionales de dominación masculina, es imposible lograr un verdadero cambio estructural.
- **Convenio de Estambul.** Representa un esfuerzo colectivo para abordar la violencia contra las mujeres y la violencia doméstica. Este convenio es el primer instrumento legalmente vinculante en Europa que crea un marco completo para luchar contra la violencia de género. Fomenta acciones de prevención a través de la educación y sensibilización, así como la protección a víctimas y el enjuiciamiento de perpetradores. España, que ha instrumentado medidas en línea con este convenio, ha puesto énfasis en la abolición de la violencia de género, reforzando la legislación nacional para proteger a las mujeres y niños víctimas de estos hechos. La puesta en práctica de medidas, como las órdenes de protección, evidencia cómo los convenios internacionales pueden influir en la legislación y la política a nivel nacional.
- **Agenda 2030 para el Desarrollo Sostenible.** Adoptada por todos los miembros de la ONU en 2015, la Agenda 2030 establece 17 objetivos de desarrollo sostenible (ODS), entre los cuales el ODS 5 se centra claramente en la igualdad de género. Este promueve acciones para asegurar los derechos de las mujeres y las niñas, y fomentar su empoderamiento, buscando erradicar la violencia, eliminar prácticas nocivas (como matrimonio infantil y mutilación genital femenina), y la participación plena y efectiva de las mujeres en el liderazgo. España, como país miembro de la ONU, ha adoptado los ODS en su legislación y sus políticas, asegurando que los principios de la igualdad sean refrendados a nivel nacional.
- **Convenios internacionales del trabajo y la igualdad de género (OIT).** La Organización Internacional del Trabajo (OIT) ha emitido varias convenciones y recomendaciones para lograr la igualdad de género en el

ámbito laboral, tales como la Convención sobre la Igualdad de Remuneración, 1951 (N.° 100), y la Convención sobre la Discriminación (Empleo y Ocupación), 1958 (N.° 111). Ambas normativas establecen la necesidad de un trato igual en el empleo, promoviendo la igualdad de oportunidades y trato entre trabajadores y trabajadoras. Destacan la igualdad salarial por trabajo de igual valor como principio para reducir la desigualdad de género y abogan por eliminar la discriminación en todas las fases de la relación laboral. Estos convenios obligan a los países a fomentar la igualdad en temas como compensación, acceso al empleo y formación profesional. España los ha ratificado, desarrollando políticas para asegurar que hombres y mujeres reciban trato y oportunidades justas en el lugar de trabajo.

SABÍAS QUE...

En España, las normas internacionales han potenciado movimientos sociales y políticos que impulsan políticas de igualdad, repercutiendo favorablemente en las estructuras del derecho laboral, la educación y la protección contra la violencia de género.

ACTIVIDAD COMPLEMENTARIA

3. Analiza el objetivo de desarrollo sostenible 5 "Lograr la igualdad entre los géneros y empoderar a todas las mujeres y las niñas" para exponer las metas que persigue y algunos datos destacables.

2.3. Directivas de la Unión Europea

Las directivas de la Unión Europea (UE) ocupan un lugar fundamental en el ámbito de la promoción y la regulación de la igualdad de género dentro de los Estados miembros. Estas normas, que tienen como objetivo armonizar las legislaciones nacionales con los principios y valores fundamentales de la UE, **han desempeñado un papel crucial en el impulso y**

el fortalecimiento de los derechos de las mujeres y la promoción de la igualdad de oportunidades entre géneros. Las directivas se cuentan entre los instrumentos legislativos más importantes de la UE, pues establecen objetivos que deben ser alcanzados por los Estados miembros, aunque estos tienen la libertad de elegir los medios para lograr esos objetivos.

A lo largo de los años, ha quedado claro que la igualdad de género no solo es un derecho humano fundamental, sino que también constituye una base necesaria para la consecución de un mundo pacífico, próspero y sostenible.

IMPORTANTE

El principal objetivo de las directivas de la UE es eliminar la discriminación y garantizar la igualdad de trato entre hombres y mujeres, especialmente en el ámbito laboral, pero también en esferas como la educación, la política y la sanidad.

A través de estas directivas, la UE busca contribuir a la construcción de una sociedad europea más igualitaria y justa:

Directiva 2004/113/CE
- Esta norma tiene por objeto aplicar el principio de igualdad de trato entre hombres y mujeres en el acceso a bienes y servicios. Esto es especialmente importante para garantizar que tanto mujeres como hombres gocen del mismo acceso a servicios bancarios, financieros y de seguros, entre otros, sin ningún tipo de discriminación basada en el género.

Directiva 2006/54/CE
- Es una de las directivas más significativas en materia de igualdad de género sobre la aplicación del principio de igualdad de oportunidades e igualdad de trato entre hombres y mujeres en asuntos de empleo y ocupación, en concreto, en relación con la igualdad salarial, el acceso al empleo, la formación profesional, la promoción y las condiciones laborales.

Continúa en página siguiente >>

<< Viene de página anterior

Directiva 2019/1158

- Con esta norma, la UE pretende estimular la participación de los hombres en las responsabilidades familiares y garantizar una mayor conciliación entre la vida profesional y personal, que se traduce en una mayor participación de las mujeres en el mercado laboral. Establece requisitos mínimos destinados a lograr la igualdad de oportunidades en el mercado laboral y al trato en el trabajo.

Directiva (UE) 2023/970

- Es la directiva por la que se establecen los requisitos mínimos necesarios para reforzar la aplicación del principio de igualdad de retribución por un mismo trabajo o un trabajo de igual valor entre hombres y mujeres, así como la prohibición de discriminación mediante la transparencia retributiva y el fortalecimiento de los mecanismos para su cumplimiento.

Directiva (UE) 2024/1385

- Esta norma establece las disposiciones mínimas sobre los derechos de las víctimas de todas las formas de violencia contra las mujeres, incluido el ciberacoso, y en relación con la protección y el apoyo a las víctimas, la prevención y la intervención temprana. De forma paralela, define los delitos y las sanciones en los casos de delincuencia informática.

NOTA

La implementación de las directivas europeas sobre igualdad de género se enfrenta a la resistencia cultural y social, y la disparidad en la aplicación de las leyes y políticas entre diferentes Estados miembros impide la plena realización de los principios de igualdad de género establecidos por estas directivas.

2.4. Normativas autonómicas

En el marco normativo en igualdad en España, las normas autonómicas juegan un papel fundamental al aportar un **enfoque descentralizado** que permite adaptar y personalizar las políticas de igualdad de género a las particularidades de cada comunidad autónoma. Cada una posee competencias transferidas en materia de igualdad, lo que les **permite legislar y**

actuar de acuerdo con las necesidades y particularidades locales. Esto es especialmente importante en un país caracterizado por su diversidad cultural, social y económica, donde las problemáticas de género pueden variar significativamente entre territorios.

A continuación, se detallan algunos ejemplos de normativas autonómicas que reflejan el compromiso de las comunidades autónomas con la igualdad de género y cómo estas se alinean o complementan la legislación nacional:

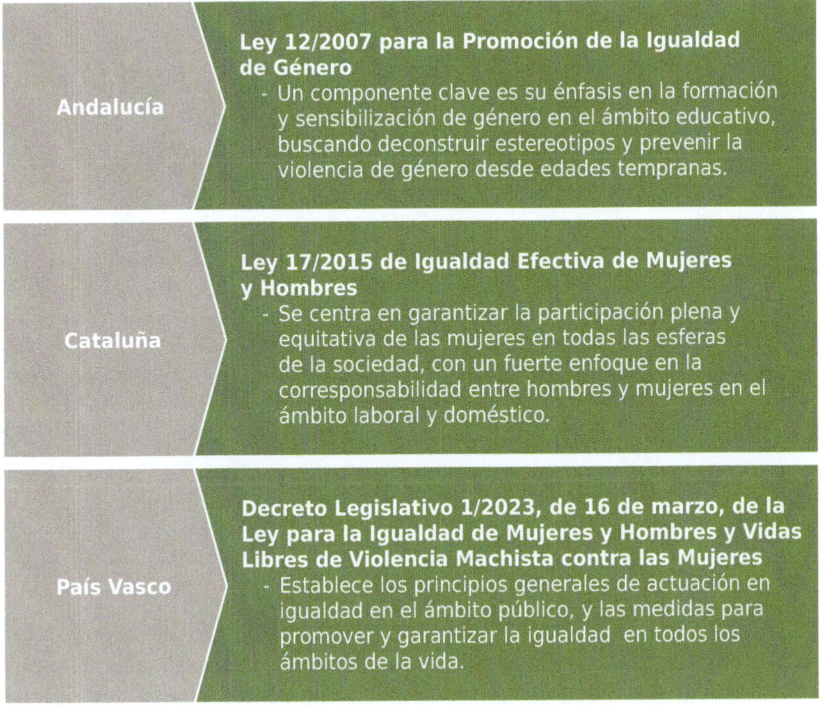

A pesar del progreso alcanzado, la implementación de normativas autonómicas enfrenta **retos** significativos, pero también presentan **oportunidades** únicas:

- **Oportunidades.** Entre ellas están:
  - La posibilidad de experimentar con políticas innovadoras y ajustadas a la realidad local puede proporcionar modelos valiosos de buenas prácticas que podrían ser replicados a nivel nacional o internacional.

- El enfoque descentralizado permite una mayor participación ciudadana, fomentando un sentido de pertenencia y responsabilidad compartida hacia la igualdad de género.

- **Retos.** Entre ellos se encuentran:

  - La falta de recursos y financiación adecuados.
  - La resistencia cultural y social en algunas áreas.
  - La necesidad de asegurar la coherencia y la coordinación entre las normativas autonómicas y la legislación nacional.

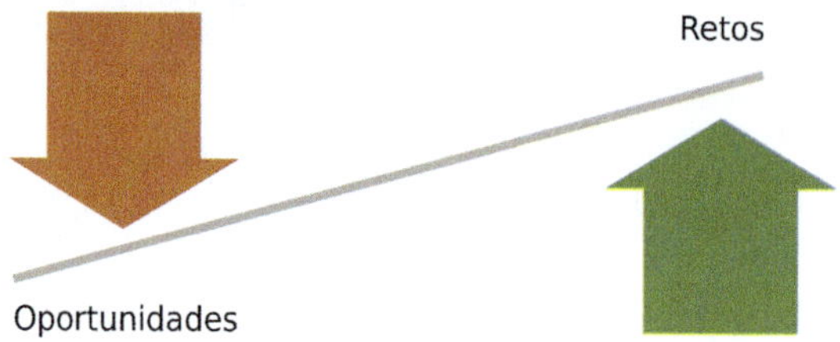

Además de las legislaciones, muchas comunidades autónomas han desarrollado planes de igualdad que operan como marcos estratégicos para la implementación de las políticas de igualdad.

EJEMPLO

El *VIII Plan estratégico de Galicia para la igualdad de oportunidades entre mujeres y hombres 2022-2027* se centra en cuatro ejes transversales: respuesta a los efectos de la COVID-19, diversidad de mujeres, ruralidad e interseccionalidad.

TAREA 3

María trabaja como auxiliar de enfermería en un centro hospitalario privado. La Dirección del centro ha decidido abrir una planta de salud mental y María ha comunicado su interés en ocupar una de las plazas de auxiliar en esa nueva área. Sin embargo, el Departamento de Recursos Humanos le ha respondido

Continúa en página siguiente >>

<< Viene de página anterior

con una negativa, alegando que prefieren hombres, ya que el trato con este tipo de pacientes es complejo desde el punto de vista físico y psíquico. ¿Qué normativa en materia de igualdad puede María consultar para negociar con el centro hospitalario su propuesta?

2.5. Evaluación del impacto de las normativas actuales en la empresa

La evaluación del impacto de las normativas actuales en la empresa es un proceso fundamental para garantizar que las iniciativas de igualdad de género sean efectivas y sostenibles. En España, el marco normativo en igualdad ha evolucionado significativamente, incorporando directrices tanto nacionales como europeas que buscan establecer políticas integradas para la promoción de la equidad de género dentro de las organizaciones empresariales.

Para evaluar el impacto de las normativas actuales, es necesario considerar varios **aspectos clave que influyen en el ámbito empresarial:**

Influencia en la estructura y la cultura organizacional
- Muchas empresas han tenido que adaptar sus políticas internas para cumplir con regulaciones que requieren un enfoque inclusivo en la contratación, la remuneración, las oportunidades de ascenso y el desarrollo de talento.

Aplicación de la transparencia retributiva
- Las empresas han tenido que establecer sistemas salariales justos y equitativos para evitar la brecha salarial de género o para corregir los sistemas anteriores. El seguimiento de esta medida requiere la realización obligatoria de una auditoría retributiva.

Aumento de la diversidad en el liderazgo empresarial
- La presencia de mujeres en puestos directivos ha sido uno de los objetivos de muchos planes de igualdad. Las imposiciones legales de establecer cuotas de género en consejos de administración han demostrado ser una herramienta efectiva para aumentar la representación femenina.

Continúa en página siguiente >>

<< Viene de página anterior

Compromiso con la conciliación laboral y familiar

- Las políticas de conciliación han sido fortalecidas para permitir que tanto hombres como mujeres puedan equilibrar de manera efectiva sus responsabilidades laborales y familiares. Las empresas que han implementado horarios flexibles, teletrabajo y permisos por nacimiento no solo cumplen con las normativas, sino que también alcanzan mayores niveles de satisfacción y retención de empleados.

Incorporación de la perspectiva de género en la evaluación del rendimiento y en los procesos de selección

- La sensibilización y la capacitación del personal en cuestiones de igualdad de género son ahora componentes estándar de las políticas de Recursos Humanos. Al fomentar una cultura corporativa inclusiva, las empresas no solo cumplen con las normativas, sino que también buscan construir una base sólida para una equidad real y duradera.

SABÍAS QUE...

Un enfoque integral de evaluación del impacto en igualdad de las normativas debe considerar no solo los cambios formales dentro de la organización, sino también los cambios culturales que a menudo son más difíciles de cuantificar.

3. Resumen

La comprensión de la normativa de referencia para la elaboración de planes de igualdad es esencial. Estos planes son herramientas estratégicas fundamentales que permiten a las organizaciones implementar políticas integrales, garantizando que todos los empleados tengan las mismas oportunidades para desarrollarse y prosperar en su entorno laboral. La **Ley de Igualdad de Oportunidades** (**Ley Orgánica 3/2007, de 22 de marzo**) por su parte, representa un marco legal nacional clave que establece las bases de las acciones por parte de las entidades públicas y privadas para fomentar un contexto laboral equitativo. Como normas complementarias a esta están:

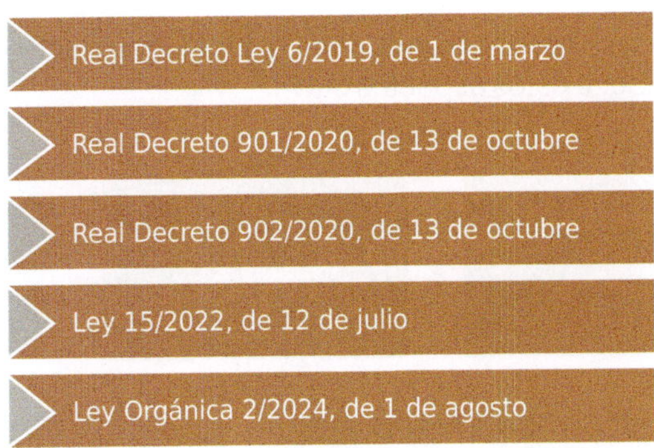

Cabe mencionar que España, debido a su estructura administrativa descentralizada, se ve enriquecida por normativas autonómicas específicas que ofrecen diversidad y adaptabilidad a ciertas necesidades locales, reforzando el compromiso hacia la igualdad de género en cada comunidad autónoma. Además, es imperativo considerar la **estructura internacional** que respalda estas normativas nacionales. Leyes y convenios internacionales configuran un esquema global que guía y complementa las políticas locales, asegurando que España se mantenga alineada con las mejores prácticas y normativas de otros países, especialmente dentro del **contexto de las directivas de la Unión Europea.**

Internacional	Europa
- Convención sobre la Eliminación de Todas las Formas de Discriminación contra la Mujer (CEDAW) - Planes de Acción de Beijing y Plataforma de Acción - Convenio de Estambul - Agenda 2030 para el Desarrollo Sostenible - Convenios internaciones del trabajo y la igualdad (OIT)	- Directiva 2004/113/CE - Directiva 2006/54/CE - Directiva 2019/1158 - Directiva (UE) 2023/970 - Directiva (UE) 2024/1385

El impacto de estas normativas no se limita únicamente a la teoría. La evaluación del impacto de las normativas actuales en el ámbito empresarial es crucial para entender su eficacia. Las leyes diseñadas para promover la igualdad deben, por supuesto, traducirse en resultados tangibles y medibles dentro de las organizaciones. Para evaluar el impacto de las normativas se debe atender a estos aspectos clave:

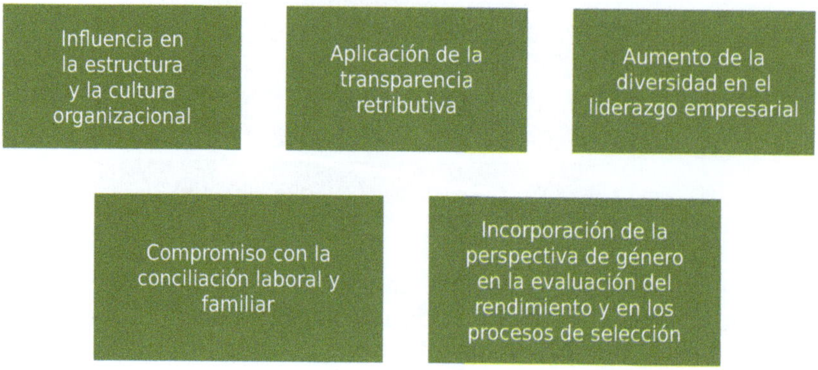

- Influencia en la estructura y la cultura organizacional
- Aplicación de la transparencia retributiva
- Aumento de la diversidad en el liderazgo empresarial
- Compromiso con la conciliación laboral y familiar
- Incorporación de la perspectiva de género en la evaluación del rendimiento y en los procesos de selección

Ejercicios de autoevaluación Unidad de Aprendizaje 3

1. **Indica si la siguiente afirmación es verdadera o falsa: "En el éxito de un plan de igualdad tiene mucho que ver la existencia de un diagnóstico real y participativo previo".**

   - Verdadero
   - Falso

2. **Indica si la siguiente afirmación es verdadera o falsa: "Todas las empresas españolas están obligadas a implantar un plan de igualdad".**

   - Verdadero
   - Falso

3. **Indica si la siguiente afirmación es verdadera o falsa: "Si a una empresa le otorgan el DIE significa que está comprometida efectivamente con la igualdad de género".**

   - Verdadero
   - Falso

4. **Indica si la siguiente afirmación es verdadera o falsa: "La Ley Orgánica 3/2007 es la norma referente de la legislación española en materia de igualdad".**

   - Verdadero
   - Falso

5. **¿Qué medidas recoge la Ley para la Igualdad Efectiva de Mujeres y Hombres?**

   a. Difusión de códigos de buenas prácticas.
   b. Aplicación de políticas de igualdad en el proceso de promoción laboral.
   c. Fomento de la igualdad retributiva.
   d. Implantación de políticas económicas y fiscales.

6. ¿Qué normativa recoge los cambios que aplicar para lograr una presencia equilibrada de mujeres y hombres en el ámbito económico?

a. Real Decreto Ley 6/2019, de 1 de marzo.
b. Ley 15/2022, de 12 de julio.
c. Ley Orgánica 2/2024, de 1 de agosto.
d. Real Decreto 901/2020, de 13 de octubre.

7. ¿Qué tratado internacional se considera la carta magna de las mujeres?

a. El Plan de Acción de Beijing.
b. La Convención sobre la Eliminación de Todas las Formas de Discriminación contra la Mujer (CEDAW).
c. El Convenio Internacional del Trabajo y la Igualdad de Género de la OIT.
d. El Convenio de Estambul.

8. ¿Cuál de las siguientes directivas europeas no está relacionada con la igualdad?

a. Directiva 2023/971
b. Directiva 2006/54/CE
c. Directiva 2019/1158
d. Directiva (UE) 2024/1385

9. ¿Cuáles son las oportunidades que presenta la implementación de normativa autonómica en materia de igualdad?

a. Proporciona modelos de buenas prácticas que pueden ser replicados a nivel nacional o internacional.
b. La necesidad de asegurar la coherencia y la coordinación entre las normativas autonómicas y nacionales.
c. Permite una mayor participación ciudadana, fomentando el sentido de pertenencia y responsabilidad compartida hacia la igualdad de género.
d. El crecimiento de recursos y financiación idóneos.

10. En la evaluación del impacto de las normativas actuales se requiere tener en cuenta varios aspectos clave que influyen en el ámbito empresarial, ¿cuáles son?

a. La resistencia cultural y social en algunas áreas.
b. El compromiso con la conciliación laboral y familiar.
c. La incorporación de la perspectiva de género en la evaluación del rendimiento.
d. La disminución de la diversidad en el liderazgo empresarial.

Unidad de aprendizaje 4

Planes de igualdad: diagnóstico e implementación. Conocimiento de los aspectos básicos y la finalidad del plan de igualdad

Contenido

1. Introducción
2. Identificación de los requisitos fundamentales para la elaboración del plan de igualdad
3. Determinación de las fases del plan de igualdad
4. Resumen

Objetivos

El objetivo general de esta Unidad de Aprendizaje es:

→ Adquirir conocimientos y herramientas necesarias para la implementación de planes de igualdad en el entorno laboral.

Los objetivos específicos de esta Unidad de Aprendizaje son:

→ Analizar los requisitos que cumplir en la elaboración de un plan de igualdad.

→ Explicar los elementos que componen un plan de igualdad.

→ Dominar las fases de elaboración de un plan de igualdad en la empresa.

1. Introducción

El concepto de igualdad de género no es meramente un ideal; es un componente indispensable para la cohesión social y el desarrollo sostenible. En palabras simples, los planes de igualdad se diseñan para cerrar brechas y para asegurar que tanto hombres como mujeres, y todos los géneros, tengan las mismas oportunidades y derechos. Pero ¿cómo se traduce esta declaración en acciones concretas y efectivas dentro de una organización o comunidad? La respuesta radica en la construcción de un plan bien definido y proactivo que busque identificar y rectificar las desigualdades existentes.

Un plan de igualdad efectivo requiere el compromiso y la colaboración de todos los niveles de una organización, desde la alta dirección hasta cada empleado. Identificar los requisitos fundamentales para el desarrollo del plan es el primer paso en este proceso. Estos requisitos establecen los cimientos sobre los cuales se edificarán los próximos pasos, asegurando que cada detalle se considere con minuciosidad para lograr un cambio verdadero. Asimismo, estos planes contienen elementos obligatorios que no pueden ser ignorados. Estos ingredientes esenciales responden a regulaciones específicas y reflejan las expectativas sociales y legales contemporáneas.

Es crucial entender que la responsabilidad no recae solamente en un equipo o individuo en particular; todas las partes involucradas comparten la responsabilidad de implantar y vigilar las acciones del plan de igualdad. El plan de igualdad se divide en diferentes fases que organizan su elaboración e implementación, asegurando así un enfoque sistemático y eficaz.

La introducción en los distintos aspectos y fases que componen un plan de igualdad empresarial la vamos a realizar de la mano del módulo que Ángeles va a impartir al grupo de trabajadores de la empresa WorldPrint designados para esta tarea.

2. Identificación de los requisitos fundamentales para la elaboración del plan de igualdad

Ángeles, como formadora del módulo «Planes de igualdad», comienza las sesiones planteando la siguiente cuestión a su alumnado: ¿crees necesario

Continúa en página siguiente >>

<< Viene de página anterior

implantar un plan de igualdad en tu empresa? Las respuestas la han sorprendido al comprobar que la mayoría ha manifestado su conformidad, aunque no tienen clara su finalidad última. Empezará, por tanto, definiendo aspectos esenciales y la finalidad de los planes de igualdad.

Para emprender la elaboración de un plan de igualdad efectivo, es esencial realizar una **identificación minuciosa de los requisitos fundamentales** que lo sustentan. Estos requisitos sirven como base para garantizar que el plan no solo se ajuste a las normativas vigentes, sino también a las necesidades específicas de la organización en la que se implementará.

El establecimiento de un plan de igualdad **debe enmarcarse dentro del contexto legal y normativo vigente.** Cada país puede tener leyes específicas que regulen la igualdad de género en el ámbito laboral y social. Es fundamental familiarizarse con estas leyes, como la Ley Orgánica 3/2007 para la Igualdad Efectiva de Mujeres y Hombres, y cualquier normativa sobre igualdad de oportunidades y no discriminación, ya que sirven como pilares legales para el diseño del plan.

Para establecer un plan de igualdad inclusivo, equitativo y sostenible se requiere abordar diferentes aspectos y factores que considerar y examinar cuidadosamente.

Los **requisitos fundamentales** implicados en la elaboración del plan de igualdad son los siguientes:

- **Análisis de la situación inicial.** Antes de proponer acciones, hay que realizar un análisis exhaustivo de la situación actual en la empresa respecto a la igualdad de género. Esto incluye un diagnóstico en profundidad sobre la distribución y la representación de género en diferentes niveles jerárquicos y áreas funcionales, el acceso a oportunidades de promoción, la equidad salarial y las condiciones laborales. Un enfoque útil es el análisis de brechas de género para identificar disparidades entre trabajadores.
- **Identificación de necesidades y prioridades.** Cada organización tiene características y necesidades únicas, por lo que es esencial identificar qué aspectos de la igualdad de género requieren más atención. Esta identificación debe ir acompañada de un proceso de priorización que determine las áreas que serán abordadas en primer lugar. El diálogo abierto y participativo con todos los miembros de la organización, desde la Dirección hasta el personal de todos los niveles, es clave para identificar estas prioridades.
- **Compromiso y liderazgo organizacional.** El compromiso de la Dirección es uno de los requisitos más críticos. El liderazgo comprometido no solo respalda formalmente el plan, sino que también asigna recursos necesarios, como tiempo, presupuesto y personal responsable, para su implementación. La creación de un grupo de trabajo multidisciplinar dedicado a la igualdad de género puede ser un recurso efectivo para fomentar este compromiso organizacional. Este grupo debería encargarse de supervisar el desarrollo, la implementación y la evaluación del plan.
- **Definición de objetivos claros y medibles.** Un plan de igualdad debe estar orientado por objetivos específicos, claros y alcanzables que guíen todas las acciones propuestas. Estos objetivos deben derivarse de las brechas identificadas en el análisis inicial y enfocarse en cumplir las necesidades identificadas en la organización. Para asegurar la eficacia y la evaluación del plan, estos objetivos deben ser medibles, es decir, deben formularse para que se pueda hacer seguimiento de los avances y determinar su éxito tras un período determinado.
- **Desarrollo de estrategias y acciones.** Una vez establecidos los objetivos, lo siguiente es diseñar estrategias y acciones específicas para alcanzarlos. Estas acciones deben ser realistas y adaptadas a la capacidad y los recursos de la organización, incluyendo programas de capacitación en perspectiva de género, revisión de políticas de contratación, fomento de un entorno laboral más inclusivo y libre de discriminación o acoso, entre otras. Las estrategias han de estar alineadas con la cultura organizacional y deben ser percibidas como beneficiosas por la totalidad.

- **Implementación y seguimiento.** La implementación de las estrategias y las acciones requiere una planificación detallada que incluya plazos, responsables y criterios de éxito. El seguimiento continuo y la evaluación periódica son necesarios para asegurar que el plan progresa conforme a lo esperado y que se hacen ajustes cuando sea necesario. El establecimiento de indicadores de progreso (como el número de promociones internas de mujeres) es fundamental para medir el éxito de cada acción, así como la transparencia en su seguimiento.
- **Comunicación y sensibilización.** Mantener informados a todos los miembros de la organización sobre el progreso del plan, las acciones implementadas y los resultados obtenidos es vital para fomentar la cooperación y la participación activa. La sensibilización ayuda a cambiar las percepciones y las actitudes en torno a la igualdad de género, creando un ambiente donde todos los miembros de la organización entienden su papel y su contribución al éxito del plan. Son herramientas útiles las campañas de comunicación internas, los talleres de formación y las sesiones de sensibilización.
- **Evaluación y ajuste continuo.** Un plan de igualdad debe considerarse un documento dinámico y en evolución, sujeto a revisión y mejora continua. La evaluación periódica del impacto del plan es indispensable para identificar áreas de mejora y ajustar estrategias. El éxito de la implementación de un plan radica en su adaptabilidad al cambio y a las nuevas realidades de la organización y el entorno, asegurando que siempre esté en línea con los objetivos de igualdad de género tanto interna como externamente.

NOTA

La identificación y la comprensión de los requisitos no solo permiten la creación de un plan viable, sino que también fomentan una cultura organizacional enfocada en la igualdad, la diversidad y la inclusión como valores esenciales para el éxito y la sostenibilidad a largo plazo.

2.1. Elementos del plan de igualdad

Para adentrarnos en los elementos obligatorios de un plan de igualdad, es esencial entender que estos aspectos constituyen los pilares sobre los cuales un plan efectivo se construye. Siguiendo la identificación de requisitos fundamentales para su elaboración, el siguiente paso implica **desglosar cada componente esencial** que debe incluirse para asegurar un impacto significativo y sostenible en el entorno laboral y social:

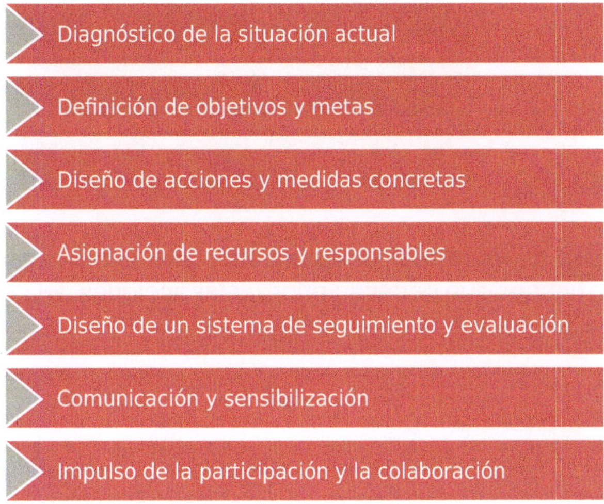

IMPORTANTE

La inclusión de estos elementos obligatorios asegura que el plan de igualdad no se convierta en un mero documento administrativo, sino en una guía estratégica hacia la equidad real, capaz de desencadenar cambios estructurales y culturales en las organizaciones.

Diagnóstico de la situación actual

El diagnóstico es el primer paso crucial y obligatorio al desarrollar un plan de igualdad. Este proceso implica una **evaluación exhaustiva de la situación inicial en términos de igualdad de género** dentro de la organización. Se deben analizar múltiples áreas, como:

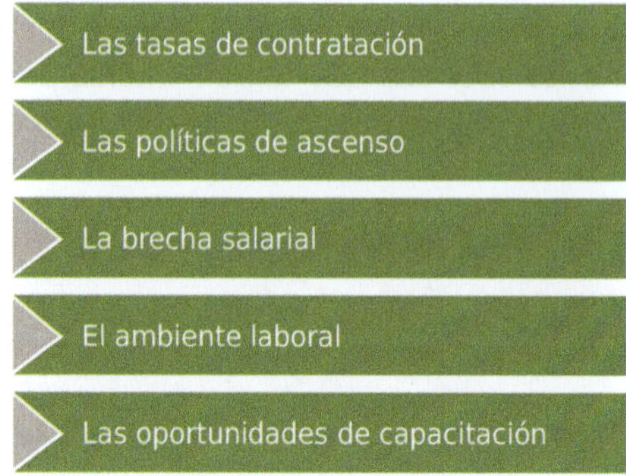

El objetivo es identificar desigualdades existentes y generar un registro claro de hechos que permitan priorizar las acciones del plan.

EJEMPLO

Un elemento sería observar el porcentaje de mujeres y hombres en puestos de liderazgo. Si se encuentra un desequilibrio significativo, este aspecto debe resaltarse en el diagnóstico como un área crítica que requiere atención.

Definición de objetivos y metas

Una vez realizado el diagnóstico, el siguiente elemento esencial es la definición de objetivos y metas claras. La formulación de objetivos **debe traducir las necesidades identificadas en el diagnóstico** en acciones concretas. Esto garantiza que el plan de igualdad no solo reconozca las desigualdades, sino que también establezca un camino tangible hacia la equidad. Los objetivos deben ser:

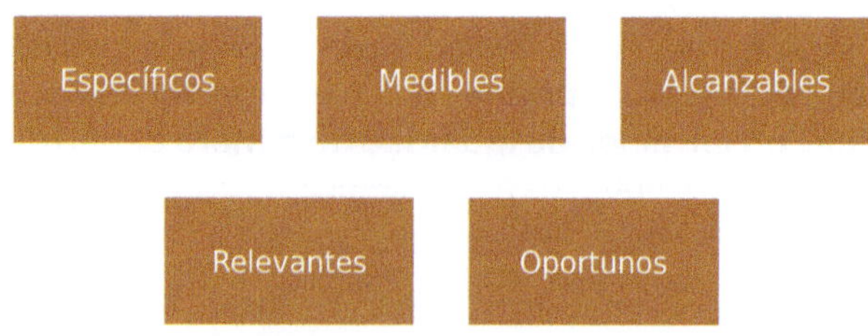

Si el diagnóstico revela que la tasa de promoción de mujeres a puestos directivos es inferior al 30 %, un objetivo podría ser incrementar este porcentaje a un 40 % en los próximos tres años, asegurando procesos de reclutamiento y promoción más equitativos.

Diseño de acciones y medidas concretas

El corazón del plan de igualdad reside en el diseño de acciones y medidas específicas que aborden los objetivos definidos. Estas acciones **deben estar detalladas** para abarcar todos los niveles de la organización. Esto podría incluir:

a. Políticas de conciliación laboral.
b. Programas de mentoría para mujeres.
c. Capacitación continua en diversidad e inclusión para todo el personal.
d. Revisiones de las prácticas de evaluación y remuneración.

PARA SABER MÁS

Una acción clave podría ser la implementación de un programa de mentoría específico para mujeres para apoyarlas en su desarrollo profesional y facilitar su acceso a puestos de decisión. Accede al enlace para conocer un ejemplo:

https://redirectoronline.com/ctri00090401

Asignación de recursos y responsables

Para que las acciones propuestas sean efectivas, es fundamental la asignación adecuada de recursos. Esto implica **proporcionar recursos humanos, financieros y temporales necesarios** para la implementación de cada medida. De este modo, se asegura que las acciones se desarrollen de manera efectiva y sostenible. Además, debe definirse claramente quién será el responsable de cada acción, asegurando la rendición de cuentas en la implementación del plan de igualdad.

EJEMPLO

El establecimiento de un comité de igualdad de género compuesto por representantes de diferentes áreas podría ser una acción para supervisar y asegurar el cumplimiento de las medidas del plan.

Diseño de un sistema de seguimiento y evaluación

El establecimiento de un sistema de seguimiento y evaluación es vital para medir el progreso y el éxito del plan de igualdad. Este sistema debe incluir **indicadores claros, métodos de recopilación de datos y la frecuencia** con la que se realizará la evaluación. El propósito es garantizar que las acciones implementadas estén logrando los cambios deseados y permitir ajustes en las estrategias cuando sea necesario.

EJEMPLO

Una reunión trimestral para revisar los progresos respecto a los objetivos establecidos y realizar las modificaciones necesarias en las estrategias basadas en las evaluaciones podría formar parte del sistema de seguimiento.

Comunicación y sensibilización

La **comunicación y sensibilización** son elementos críticos para el éxito y la aceptación del plan de igualdad en la organización. La transparencia y la comunicación continua sobre el propósito del plan, sus objetivos y los avances logrados son indispensables para fomentar la participación de todo el personal. Además, las campañas de sensibilización pueden ayudar a mitigar resistencias y promover una cultura de igualdad y respeto mutuo dentro de la organización.

EJEMPLO

Un ejemplo de acción en este ámbito sería la implementación de cursos de sensibilización sobre igualdad de género y diversidad para todos los empleados, fomentando una cultura organizativa inclusiva.

Impulso de la participación y colaboración

El plan de igualdad debe fomentar la participación y colaboración activa de todos los miembros de la organización. Esto **no solo incluye a empleados, sino también a directivos y socios externos.** La colaboración puede lograrse mediante la creación de foros de discusión, reuniones interdepartamentales, y grupos de trabajo dedicados al seguimiento y la promoción constante de la igualdad de género.

IMPORTANTE

Implementar espacios de diálogo estructurados, donde todas las voces puedan ser escuchadas y las perspectivas diversificadas sean integradas en el desarrollo del plan, será esencial para el sentido de pertenencia y corresponsabilidad en el éxito del plan.

2.2. Responsabilidades y roles

La implementación de un plan de igualdad en cualquier organización no es una tarea que pueda llevarse a cabo por un solo individuo o un departamento aislado, es un esfuerzo colectivo que requiere la participación activa y comprometida de diversos actores dentro de la empresa. Las **responsabilidades específicas** de los involucrados en el desarrollo, la implementación y el seguimiento de los planes de igualdad, **y los roles** que cada uno debe asumir para asegurar el éxito y la efectividad de estos, son los siguientes:

- **Dirección y alta gerencia.** Principalmente, la responsabilidad de la Dirección y la alta gerencia es proporcionar liderazgo y un compromiso firme hacia la igualdad de género. Su rol es fundamental para:
  - Establecer y comunicar la visión: los líderes de la organización deben articular su compromiso con la igualdad de género, transformando este concepto en una parte central de la estrategia organizacional.
  - Asignar recursos adecuados: para que un plan de igualdad sea eficaz, la organización debe destinar tiempo, presupuesto y personal suficiente para su desarrollo e implementación.
  - Desempeñar un papel visible: los líderes deben actuar como modelos para seguir, demostrando la importancia del plan a través de sus acciones y decisiones.
- **Recursos Humanos.** Este departamento juega un papel importante en la conducción técnica del plan, y sus responsabilidades incluyen:
  - Análisis del estado actual: evaluar la composición y la dinámica de género dentro de la organización para identificar disparidades y áreas de mejora.
  - Desarrollo de políticas inclusivas: crear y actualizar políticas de empleo y prácticas que promuevan la igualdad de género y eliminen cualquier forma de discriminación.
  - Monitoreo y reporte: establecer sistemas para monitorear progresos, identificar áreas de mejora y reportar los resultados obtenidos a la Dirección y demás partes interesadas.
- **Comité de igualdad.** Este comité es esencial para orientar y evaluar la implementación del plan. Sus funciones abarcan:
  - Elaboración del plan: trabajar en conjunto con Recursos Humanos, la Dirección y otros departamentos para desarrollar un plan de igualdad que refleje las necesidades y los objetivos de la organización.

- Participación activa y representativa: incluir representantes de diversos grupos y niveles dentro de la organización para garantizar que el plan es inclusivo e informado.
- Promover la formación y la sensibilización: organizar capacitaciones para todos los niveles de personal, resaltando la importancia y los beneficios de las políticas de igualdad.

- **Trabajadores y trabajadoras.** Aunque las responsabilidades específicas pueden variar según el nivel y el papel de cada persona trabajadora, en su totalidad deben:

  - Comprometerse con comportamientos inclusivos: actuar de acuerdo con los principios de igualdad de género, asegurando un entorno de trabajo libre de discriminación.
  - Participar activamente en las iniciativas: involucrarse en actividades y capacitaciones relacionadas con la igualdad de género, proporcionando retroalimentación constructiva cuando se necesite.
  - Reportar y actuar ante la discriminación: identificar y notificar cualquier práctica o incidente que comprometa el desarrollo de un ambiente respetuoso y equitativo.

- **Sindicatos y representantes legales de las personas trabajadoras.** Los sindicatos y representantes de las personas trabajadoras tienen la función de:

  - Defender los derechos: asegurarse de que el personal es tratado equitativamente y que las políticas de igualdad son realistas.
  - Colaboración en el desarrollo del plan: proporcionar una perspectiva crítica y constructiva, ayudando a adaptar el plan a las necesidades del personal.
  - Supervisión del cumplimiento: participar en la vigilancia y el seguimiento del cumplimiento de las medidas de igualdad, colaborando estrechamente con la organización para resolver cualquier conflicto o incumplimiento.

- **Evaluadores externos.** En algunos casos, se puede realizar una evaluación externa para obtener una opinión objetiva e imparcial sobre el estado del plan de igualdad. Estos evaluadores deben:

  - Realizar auditorías imparciales: evaluar si las acciones emprendidas son eficaces y si el plan está siendo implementado de manera adecuada.
  - Asesorar sobre las mejores prácticas: brindar orientación basada en experiencias y estudios de caso de otras organizaciones para mejorar la efectividad del plan.

- Proveer recomendaciones: sugerir ajustes o cambios que puedan hacer los planes más eficientes y sostenibles.

- **Comunidad y grupos de interés.** Más allá de la estructura interna, la comunidad y los grupos de interés son una parte esencial para el éxito de un plan de igualdad. Su papel puede incluir:

  - Promoción externa: apoyar las iniciativas de igualdad de género de la organización con respaldo público y social.
  - Colaboración en responsabilidad social: promover alianzas para compartir experiencias y prácticas exitosas en el ámbito de la igualdad de género.
  - Evaluación de impactos: ayudar a entender el impacto de las políticas de igualdad en la comunidad y en las relaciones comerciales o sociales.

3. Determinación de las fases del plan de igualdad

HILO CONDUCTOR

En la elaboración de los planes de igualdad es fundamental saber delimitar las distintas fases que lo componen. Ángeles va a dedicar una sesión de formación para cada una de las cinco etapas: puesta en marcha, diagnóstico, diseño y registro, implantación y seguimiento, y evaluación.

La determinación de las fases del plan de igualdad es un aspecto crucial para asegurar su efectividad y éxito en cualquier tipo de organización. Estas juegan un rol esencial en estructurar y guiar el proceso, desde su diagnóstico inicial hasta la evaluación de resultados finales. Esto implica un análisis detallado y metódico, eficiente en la implementación y riguroso en la evaluación de impactos, como parte de un compromiso por alinear a toda la organización en torno a los principios de igualdad y no discriminación. Las fases son:

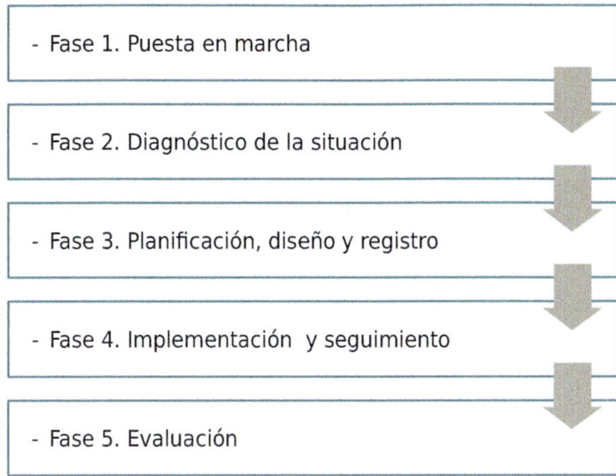

Una parte esencial de un plan de igualdad efectivo es una política de comunicación que mantenga a todo el personal informado y comprometido; no solo se trata de comunicar los avances y resultados, sino de crear un entorno donde tengan la confianza para ofrecer retroalimentación sobre el plan.

La normativa española que desarrolla el reglamento para la elaboración de los planes de igualdad es el Real Decreto 901/2020, de 13 de octubre.

3.1. Fase de puesta en marcha

Las organizaciones que están obligadas a contar con un plan de igualdad deben **abrir un proceso de negociación y crear una comisión negociadora,** ejes de actuación de esta primera fase. Los órganos con potestad para intervenir en la negociación y comisión son la representación legal de la empresa (o el/la empresario/a), la representación legal de las personas trabajadoras y/o los sindicatos.

El **inicio de la negociación** ha de ser comunicado entre las partes mediante una comunicación escrita en la que debe constar la legitimación en el proceso, el ámbito del plan de igualdad y las materias objeto de negociación:

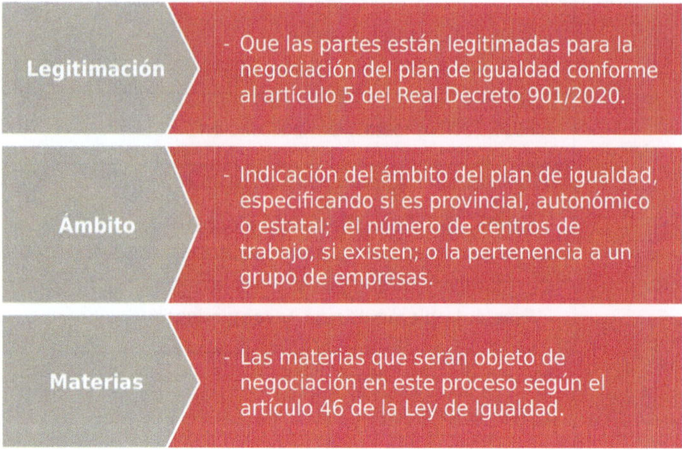

RECUERDA

Están obligadas a implantar un plan de igualdad las empresas que tengan 50 o más personas trabajadoras en plantilla o las que estén obligadas por su convenio colectivo.

ACTIVIDAD COMPLEMENTARIA

4. De todas las materias que se tratan en el plan de igualdad de la empresa, ¿cuáles son objeto de negociación en la primera fase?

Con carácter general, la **comisión negociadora** de igualdad se compone, en igual proporción numérica, por representantes de la empresa y representantes de las personas trabajadoras (comité de empresa o intercentros, y delegadas y delegados de personal o secciones sindicales, si existen) y no superará los trece miembros en cada parte. En ella se debe fomentar el equilibrio en ambas partes respecto al número de mujeres y hombres, y la formación o experiencia en igualdad en el ámbito laboral.

Si no existe representación legal de las personas trabajadoras, la comisión se crea con seis miembros, como máximo, de cada parte (personas trabajadoras y empresa), de conformidad con lo regulado en el artículo 5 del Real Decreto 901/2020, de 13 de octubre.

Sus competencias son:

Comisión negociadora
- Negociación y elaboración del diagnóstico y de las medidas del plan de igualdad. - Elaboración del informe de los resultados del diagnóstico. - Identificación de las medidas prioritarias (ámbito de aplicación, medios para su implantación, personas responsables y cronograma). - Impulso de la implantación del plan de igualdad en la empresa. - Definición de los indicadores de medición y de los instrumentos de recogida de datos para el seguimiento y la evaluación del cumplimiento de las medidas implantadas.

En el proceso de negociación del diagnóstico y plan de igualdad, las partes están **obligadas a negociar,** teniendo en cuenta una serie de **aspectos:**

- Se inicia en el momento en el que las partes se comunican la iniciativa de negociación.
- Durante el transcurso del proceso se levanta acta de todas las reuniones.
- La negociación se debe hacer de buena fe con miras a conseguir acuerdos.
- La negociación tiene el carácter de abierta.
- Las propuestas y alternativas se formulan por escrito.

Continúa en página siguiente >>

<< Viene de página anterior

- La dirección está obligada a facilitarle a la comisión la documentación y la información que necesite.
- Quienes intervengan en la negociación de los planes tienen los mismos derechos y obligaciones que quienes intervinieran en la negociación de los convenios colectivos.
- Los miembros de la comisión negociadora deben guardar el deber de sigilo sobre la información de carácter reservado suministrada.
- Si no hubiera acuerdo, la comisión puede acudir a los procedimientos y órganos de solución de conflictos.
- El resultado de las negociaciones debe plasmarse por escrito, estar firmado por las partes negociadoras y se debe enviar a la autoridad laboral para su registro, depósito y publicidad.

APLICACIÓN PRÁCTICA

Francisco está asistiendo a un curso de implantación del plan de igualdad en la empresa. En el día de hoy están tratando las partes implicadas en su elaboración y, para ilustrar de forma práctica la clase, el formador plantea el siguiente supuesto:

Una empresa pequeña no posee representación legal de las personas trabajadoras, ¿se puede formar la comisión negociadora para el proceso de creación del plan de igualdad?

Solución

Sí, contando con seis representantes de cada parte.

En las empresas donde no existan las representaciones legales de las personas trabajadoras se creará una comisión negociadora constituida, de un lado, por la representación de la empresa y, de otro lado, por una representación de las personas trabajadoras, integrada por los sindicatos más representativos y por los sindicatos representativos del sector al que pertenezca la empresa y

Continúa en página siguiente >>

<< Viene de página anterior

con legitimación para formar parte de la comisión negociadora del convenio colectivo de aplicación. La comisión negociadora contará con un máximo de seis miembros por cada parte. La representación sindical se conformará en proporción a la representatividad en el sector y garantizando la participación de todos los sindicatos legitimados.

3.2. Fase de diagnóstico

El principal objetivo de esta fase es recoger la información necesaria para entender el estado de la igualdad de género en la empresa. Esto implica identificar tanto las áreas donde se han logrado avances notables como aquellas donde todavía persisten las inequidades. Con esta información, será posible formular estrategias y acciones concretas adaptadas a la realidad de la organización o el área de intervención.

Los **elementos clave** del diagnóstico son:

Recopilación de datos cuantitativos y cualitativos

- Los datos cuantitativos incluyen estadísticas sobre la composición de género en el personal, incluyendo diferencias salariales, tasas de promoción y otros indicadores de paridad. Los cualitativos pueden provenir de entrevistas, encuestas o grupos que recogen experiencias personales y percepciones de la cultura organizacional y el clima laboral en términos de igualdad de oportunidades.

Análisis del entorno laboral

- Se debe realizar un análisis minucioso del entorno laboral, considerando factores estructurales y culturales que afectan la equidad de género. Esto incluye examinar políticas de la empresa, normas implícitas y explícitas, y prácticas rutinarias que puedan llevar a la discriminación o a la perpetuación de estereotipos de género.

Identificación de brechas de género

- Es una parte importante del diagnóstico. Esto abarca procedimientos para detectar desigualdades en la remuneración, los roles y las responsabilidades, y en las oportunidades de desarrollo profesional. Al identificar estas brechas, se crean los fundamentos para las intervenciones específicas.

Continúa en página siguiente >>

<< Viene de página anterior

Evaluación del clima y la cultura organizacional
- La cultura organizacional juega un papel central en la promoción o la obstrucción de la igualdad de género. Por tanto, el diagnóstico debe incluir la evaluación del clima laboral, que considere aspectos como las oportunidades para el equilibrio entre la vida laboral y personal, y la percepción del compromiso de la organización hacia la igualdad de género.

Detección de barreras y facilitadores
- Es importante no solo centrarse en las barreras o limitaciones, sino también identificar factores que puedan facilitar un cambio positivo hacia la igualdad de género. Esto puede incluir el análisis de políticas existentes que ya promueven la igualdad o iniciativas de diversidad que puedan ser fortalecidas y multiplicadas.

Metodología para un diagnóstico efectivo

Para llevar a cabo un diagnóstico efectivo, es esencial emplear una metodología adecuada que permita un análisis integral y exacto. A continuación, se presentan algunos **enfoques** esenciales:

- **Definición de indicadores y objetivos.** Antes de comenzar, se deben definir claramente los indicadores y los objetivos que guiarán el diagnóstico. Estos deben alinearse con los objetivos del plan de igualdad y tener en cuenta tanto los resultados esperados como los indicadores clave de cambio.
- **Participación y colaboración.** El diagnóstico no debe ser un proceso aislado llevado a cabo exclusivamente por el equipo encargado del plan. En su lugar, debe haber colaboración y diálogo intersectorial, asegurando que un amplio rango de voces y perspectivas sean tenidas en cuenta.
- **Técnicas de recopilación de datos.** Combinar métodos cuantitativos y cualitativos enriquece el diagnóstico. Por ejemplo, encuestas cuantitativas pueden ser complementadas con estudios de caso cualitativos y entrevistas que proporcionen contexto y comprensión adicionales.
- **Análisis de la información recopilada.** Una vez que la información ha sido recolectada, se deben emplear herramientas analíticas para evaluar los datos, tales como comparaciones con *benchmarks* sectoriales y análisis de patrones históricos, así como evaluaciones de desempeño respecto a los objetivos previos.

Implicaciones del diagnóstico

Los resultados del diagnóstico no solo informan para la formulación de acciones del plan, sino que también brindan una oportunidad para una autorreflexión dentro de la organización. Ayudan a identificar no solo lo que necesita cambiar, sino también cómo implementar ese cambio de manera que sea realista y sostenible. Así, el proceso de diagnóstico:

- Se considera como base para el desarrollo de estratégias específicas que resuelvan las desigualdades detectadas.
- Es un punto de referencia para medir el progreso y ajustar el rumbo cuando sea necesario.
- Ayuda a aumentar la conciencia sobre los problemas de igualdad de género en la organización, impulsando una cultura más inclusiva.
- Sensibilizará a la alta dirección de la organización hacia la importancia de la igualdad de género y la necesidad de comprometerse activamente con el cambio.

CONSEJO

Al concluir la fase de diagnóstico, se deben documentar todos los hallazgos en un informe para que sirva en el desarrollo del plan de igualdad, que será compartido con todas las partes relevantes para asegurar que se conocen las metas a corto y largo plazo, y el compromiso necesario para alcanzarlas.

3.3. Fase de planificación, diseño y registro

Esta fase es una etapa importante en la implementación de un plan de igualdad, ya que define las acciones específicas que permitirán conseguir los objetivos planteados durante la fase de diagnóstico. Los **pasos necesarios** para transformar lo que se ha identificado en el diagnóstico en iniciativas concretas son:

Identificación de prioridades
- Implica seleccionar las áreas que requieren atención inmediata basándose en los resultados del diagnóstico.

Diseño de acciones específicas
- Deben abordar cada problemática identificada y han de ser coherentes con los objetivos del plan, concretas, alcanzables y medibles, para que su implementación y efectividad puedan ser evaluadas.

Creación de un cronograma de ejecución
- Este sistema estructura el desarrollo de las acciones y asigna los recursos humanos y materiales necesarios de manera eficiente. Debe ser flexible para adaptarse a los cambios durante la implementación del plan.

Asignación de responsabilidades
- Cada acción debe contar con responsables que velen por su correcta ejecución, así como con equipos de trabajo formados por empleados de diferentes niveles jerárquicos y departamentos. La colaboración interdepartamental es clave para el éxito de las acciones.

Creación de una política de comunicación interna
- Facilita el flujo de información sobre los objetivos, los métodos y los avances del plan a todo el personal. La comunicación fomenta la participación activa y el compromiso de todos los miembros de la organización.

Integración de indicadores y herramientas de seguimiento
- Los indicadores que evaluan el progreso de las acciones implementadas deben ser claros, objetivos y alineados con las metas establecidas.

EJEMPLO

Si se detectó una brecha salarial de género, esta podría convertirse en una prioridad que abordar. Para reducir la brecha, una acción concreta podría ser realizar revisiones salariales periódicas, acompañadas de políticas de ajuste salarial equitativo basadas en criterios objetivos como la experiencia y el rendimiento. Se podrían incluir indicadores de seguimiento como la tasa de reducción de la brecha salarial.

Adicionalmente, se deben considerar la formación y la sensibilización continua tanto del personal como de los directivos, que puede ser una medida eficiente para elevar la conciencia y modificar comportamientos discriminatorios.

Finalmente, la fase debe culminar en un **documento de plan de acción detallado** que incluya todas las acciones previstas junto con sus respectivas metas, responsables, cronogramas e indicadores de éxito. Este documento, además de ser una guía para implementar el plan de igualdad, sirve como testimonio del compromiso de la organización con la promoción y la protección de la igualdad de género.

Como no se puede considerar una fase del plan por sí sola, la definición del registro está incluida en esta fase. La **inscripción del plan de igualdad en el registro público es obligatoria,** independientemente de que los motivos de su implantación fueran obligatorios o voluntarios, y haya sido o no acordado dicho plan por las partes. Se considera realizado este trámite cuando se produzca el registro de convenios y acuerdos colectivos de trabajo según el Real Decreto 713/2010, de 28 de mayo. Esto va a permitir el acceso público al contenido del plan de igualdad registrado. La solicitud de inscripción del plan de igualdad tiene que ir acompañada de una hoja estadística cuyo modelo se encuentra regulado en el anexo 2.V de esta norma.

PARA SABER MÁS

El registro de los planes de igualdad se realiza a nivel autonómico o nacional mediante una plataforma habilitada al efecto para el registro y el depósito de convenios colectivos, acuerdos colectivos de trabajo y planes de igualdad. Accede al siguiente enlace para visitarla:

https://redirectoronline.com/ctri00090403

3.4. Fase de implementación y seguimiento

Tras haber pasado por el diagnóstico y desarrollo, es en esta etapa donde se materializan las acciones estratégicas identificadas, se asignan responsabilidades y se establecen los mecanismos necesarios para integrar la igualdad de género en la entidad. Implementar el plan no solo requiere de compromiso en todos los niveles jerárquicos, sino también de una adecuada planificación y recursos destinados a tal fin.

A continuación, se analizan los **componentes** clave y las **mejores prácticas** para llevar adelante con éxito esta fase:

- **Preparación de la implementación.** Antes de comenzar la implementación, se realizan una serie de pasos preparatorios:
  - Definición de responsables para cada acción.
  - Asignación de recursos económicos, de personal y tecnológicos.
  - Desarrollo de materiales de información y formación.
  - Elaboración de un cronograma detallado.
- **Ejecución de acciones.** En la puesta en marcha de las acciones planificadas se consideran las siguientes estrategias:
  - Integración de las acciones en las actividades diarias de la organización.
  - Comunicación continua que promueva la transparencia y el intercambio de información.
  - Participación activa de todas las partes, desde la alta dirección hasta el personal operativo.
  - Formación continua en género del personal y aplicación de las acciones en sus roles.
- **Sistema de seguimiento.** Este sistema debe incluir:
  - Desarrollo de indicadores de evaluación para medir el progreso de cada acción del plan.
  - Recopilación de datos para medir el impacto del plan y el análisis de datos.
  - Evaluaciones periódicas para identificar áreas de mejora y ajustes en el plan, en tal caso.
  - Comunicación de los resultados del seguimiento para informar sobre el impacto de las acciones implementadas.

- **Superación de barreras.** Los obstáculos han de ser gestionados estratégicamente para garantizar el éxito del plan:
  - La resistencia al cambio se supera con la implicación de los líderes y la formación de agentes de cambio por la igualdad.
  - La falta de compromiso de la alta dirección se supera con el apoyo hacia el plan de igualdad.
  - La insuficiencia de recursos se mitiga con un presupuesto adecuado y fuentes de financiación alternativas.
  - Las diferentes perspectivas y experiencias en la empresa se superan fomentando un entorno laboral inclusivo.
- **Cultura de igualdad.** Fomentar una cultura organizacional en igualdad de género y diversidad se logra:
  - Incentivando a líderes que promuevan la inclusión y la diversidad en todos los niveles de decisión.
  - Aplicando iniciativas que promuevan la empatía y el respeto entre el personal.
  - Organizando actividades que promuevan la cohesión y el espíritu de equipo para crear un clima de respeto y entendimiento.
  - Reconociendo y recompensando los comportamientos igualitarios se incentiva al resto de la organización a hacer lo mismo.

3.5. Fase de evaluación

La implementación de un sistema regular de evaluación debe incluir tanto la revisión de los resultados obtenidos como el *feedback* de los empleados y las empleadas sobre la efectividad del plan de igualdad. Este proceso de evaluación y retroalimentación no solo ofrece información valiosa para mejorar y ajustar las acciones del plan, sino que también fortalece el compromiso organizacional con los valores de igualdad y no discriminación.

Esta última fase implica un análisis crítico y la revisión de la eficacia global del plan de igualdad, para poder añadir ajustes y mejoras. Teniendo en cuenta la información durante la implementación, la organización ajusta su enfoque, introduce nuevas medidas o rectifica acciones que no han tenido el impacto deseado.

EJEMPLO

Si una iniciativa particular, como talleres sobre sesgos inconscientes, no ha generado cambios significativos en la dinámica grupal, es posible que sea necesario replantearse su enfoque o extender el público objetivo de estas actividades. La revisión continua permite que el plan de igualdad esté siempre alineado con el contexto dinámico de la organización y del entorno social y laboral.

VÍDEO

El Instituto de las Mujeres tiene disponible en su web varias píldoras de información relacionadas con las fases de la elaboración de los planes de igualdad. Accede al siguiente vídeo sobre la fase de evaluación:

https://redirectoronline.com/ctri00090404

TAREA 4

La empresa ANISE tiene 90 trabajadores en plantilla repartidos en tres secciones: Administración, Producción y Logística. Concretamente en la sección de Producción, una trabajadora ha comunicado a Recursos Humanos los comentarios machistas que algunos de sus compañeros le dirigen en el tiempo de desayuno. La empresa, como respuesta a estos hechos, ha decidido elaborar e implantar un plan de igualdad. ¿Cómo puede hacerlo?

Describe el proceso basándote en las fases vistas en la unidad y los agentes implicados en él.

4. Resumen

El desarrollo de un plan de igualdad requiere de una comprensión clara de sus bases y de los requerimientos imperativos para su elaboración. Un conocimiento profundo de estos aspectos es vital no solo para asegurar el cumplimiento normativo, sino también para transformar el ambiente de trabajo en un entorno más justo e inclusivo.

En primer lugar, se exploran los elementos fundamentales que constituyen el corazón de estos planes. Los **requisitos básicos** para su diseño y puesta en marcha serán claramente identificados, lo que permitirá a los involucrados contar con una guía precisa desde el inicio del proceso. Asimismo, será necesario el entendimiento de los **elementos obligatorios** que deben ser incluidos, lo cual garantizará que los planes cumplan tanto con los estándares legales como con las directrices organizacionales.

Requisitos	Elementos
- Análisis de la situación inicial. - Identificación de necesidades y prioridades. - Compromiso y liderazgo organizacional. - Definición de objetivos claros y medibles. - Desarrollo de estrategias y acciones. - Implementación y seguimiento. - Comunicación y sensibilización. - Evaluación y ajuste continuo.	- Diagnóstico de la situación actual. - Definición de objetivos y metas. - Diseño de acciones y medidas concretas. - Asignación de recursos y responsables. - Diseño de un sistema de seguimiento y evaluación. - Comunicación y sensibilización. - Impulso de la participación y la colaboración.

Las **responsabilidades** de las partes involucradas en la elaboración, el desarrollo y la implementación de los planes de igualdad también se establecerán de manera precisa. De este modo, los participantes podrán contribuir eficazmente a cada una de las fases del proceso. La identificación y la asignación adecuada de responsabilidades asegura que todas las voces sean escuchadas y que todos los esfuerzos colectivos se alineen hacia un mismo propósito: la igualdad de género.

Las distintas **fases** que comprenden la elaboración e implantación de un plan de igualdad son:

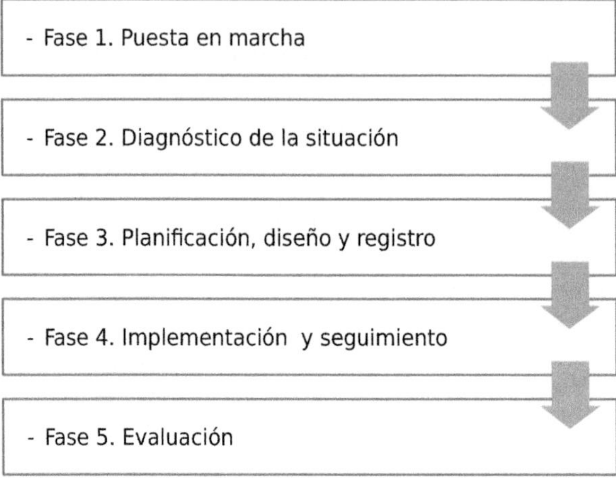

Ejercicios de autoevaluación Unidad de Aprendizaje 4

1. ¿Cuáles son requisitos para elaborar un plan de igualdad?

a. Identificar las necesidades y las prioridades de la empresa.
b. Definir objetivos claros y medibles.
c. Desarrollar estrategias y acciones.
d. Todas las opciones son correctas.

2. En la evaluación de la situación inicial sobre la igualdad en la empresa, ¿qué se puede analizar?

a. El ambiente laboral.
b. La brecha salarial.
c. Las políticas de ascenso.
d. El organigrama empresarial.

3. Los objetivos que alcanzar con la implantación del plan de igualdad han de ser...

a. ... alcanzables.
b. ... generales.
c. ... relevantes.
d. ... oportunos.

4. ¿De qué tipo son los recursos que se deben asignar para aplicar las medidas incluidas en el plan de igualdad?

a. Humanos, financieros y de tiempo.
b. Tecnológicos y económicos.
c. Humanos y temporales.
d. Humanos, temporales y tecnológicos.

5. Indica si la siguiente afirmación es verdadera o falsa: "Las fases de elaboración de un plan de igualdad son cuatro".

- Verdadero
- Falso

6. **En la configuración de la comisión negociadora, ¿cuántos miembros de cada parte no se pueden superar?**

    a. 10.
    b. Depende del tipo de empresa.
    c. 13.
    d. No existe límite.

7. **Determina si la siguiente afirmación es verdadera o falsa: "Una de las implicaciones de la fase de diagnóstico es que este análisis se considera un punto de referencia para medir el progreso del proceso y realizar ajustes si es necesario".**

    - Verdadero
    - Falso

8. **Indica si la siguiente afirmación es verdadera o falsa: "En la fase de elaboración del plan de igualdad correspondiente a la planificación, la creación de un cronograma de ejecución rígido es uno de los pasos que realizar".**

    - Verdadero
    - Falso

9. **¿Dónde se registran los planes de igualdad?**

    a. En la plataforma DEHú.
    b. En la aplicación REGCON.
    c. En el Ministerio de Igualdad.
    d. En el enlace habilitado por la comunidad autónoma correspondiente.

10. **Para conseguir una fase de implementación exitosa, ¿qué componentes clave se analizan?**

    a. La superación de barreras.
    b. Las técnicas de recopilación de datos.
    c. Los indicadores que evalúan el progreso de las acciones implementadas.
    d. La cultura de igualdad.

Unidad de aprendizaje 5

Análisis de la situación laboral para identificar situaciones de desigualdad en la empresa

Contenido

Objetivos

El objetivo general de esta Unidad de Aprendizaje es:

→ Desarrollar el diagnóstico que detectará situaciones de desigualdad en el entorno laboral.

Los objetivos específicos de esta Unidad de Aprendizaje son:

→ Diferenciar los métodos cuantitativos y cualitativos para llevar a cabo el diagnóstico sobre la igualdad en la empresa.

→ Explicar las diferentes técnicas de recogida y evaluación de la información como método de identificación de desigualdades.

→ Indagar en los instrumentos adecuados para el análisis de datos.

1. Introducción

La capacidad de diagnosticar las desigualdades no solo conduce a la creación de estrategias efectivas para eliminarlas, sino que también representa una inversión significativa en la mejora de las dinámicas organizacionales. Al **identificar brechas a través de enfoques cuantitativos y cualitativos,** las empresas pueden encontrar soluciones que no solo cumplen con criterios normativos, sino que también fomentan entornos inclusivos y motivadores.

Un enfoque detallado y meticuloso de la evaluación de datos es crucial. Por ejemplo, utilizar métodos de análisis cuantitativos permite observar tendencias estadísticas en las diferencias de salario o el acceso a oportunidades de desarrollo profesional. Mientras tanto, los métodos cualitativos nos ofrecen un vistazo más profundo y subjetivo de las experiencias de los empleados, especialmente en lo que respecta a la cultura organizacional y la percepción de justicia y equidad dentro del entorno laboral.

Asimismo, la recopilación y el análisis de datos específicos sobre desigualdad de género es fundamental. Este ejercicio permite a las empresas no solo cumplir con regulaciones de igualdad de oportunidades, sino también sentar las bases para un cambio organizacional positivo y duradero.

El análisis de la situación laboral para identificar desigualdades en la empresa mediante herramientas y métodos adecuados lo vamos a tratar a través de esta unidad, donde Ángeles realiza el diagnóstico previo a la elaboración del plan de igualdad.

2. Distinción entre diagnóstico cuantitativo y cualitativo

Una alumna del curso le pregunta a Ángeles sobre el grado de importancia que tiene la realización de un diagnóstico de la situación de la empresa antes de la elaboración del plan de igualdad. Esta consulta propicia que la formadora dedique un día completo a la explicación de esta fase, dada su relevancia en la elaboración del plan.

2.1. Metodologías de diagnóstico

Para entender los procesos y las problemáticas inherentes a la igualdad de género en el ámbito laboral, se ha de diferenciar entre las metodologías de diagnóstico utilizadas para identificar situaciones de desigualdad. Se distinguen dos enfoques metodológicos vitales que, aunque posean diferencias claras en su ejecución y análisis, son complementarios en la conceptualización y solución de la desigualdad de género en las organizaciones, como son el **diagnóstico cuantitativo y el diagnóstico cualitativo.**

La identificación de desigualdades en el lugar de trabajo por métodos cuantitativos y cualitativos permite no solo medir los niveles de desigualdad, sino también diseñar planes de acción más concretos.

El **diagnóstico cuantitativo** se centra en la recogida y el análisis de datos numéricos para ofrecer una visión objetiva y general de la situación de la igualdad de género dentro de una empresa. Este tipo de diagnóstico es idóneo para **identificar patrones de desigualdad a través de cifras y porcentajes** que reflejan la realidad de una forma directa y tangible. La información obtenida es objetiva y fácil de interpretar, y, además, el método permite comparaciones entre diferentes períodos temporalmente. Sin embargo, su enfoque numérico puede omitir matices importantes que influyen en la percepción de desigualdad por parte de los empleados.

En la recogida y el análisis de datos se utilizan métodos tales como:

Encuestas y cuestionarios	- Se diseñan con preguntas cerradas que facilitan el análisis estadístico, permitiendo medir variables específicas como la proporción de hombres y mujeres en diferentes cargos, diferencias salariales, el acceso a oportunidades de formación y promoción, entre otros aspectos.
Estadísticas de empleo	- El uso de *software* especializado permite el manejo de grandes volúmenes de datos para identificar tendencias y varianzas. Estadísticas sobre retención de personal, absentismo y ratios de contratación *versus* promoción son ejemplos de cómo los números reflejan desigualdades de género.

El análisis estadístico de los datos permite identificar puntos críticos donde la desigualdad es más palpable; por ejemplo, la representación de mujeres en puestos de liderazgo o la desigualdad salarial. Un diagnóstico correctamente ejecutado ofrece indicadores claros sobre dónde se debe enfocar el esfuerzo para mejorar la igualdad de género en la empresa.

El **diagnóstico cualitativo,** en cambio, se enfoca en la profundidad y la riqueza de la información obtenida mediante interacciones humanas. Busca **captar las experiencias, percepciones y actitudes individuales** respecto a la igualdad de género dentro de la empresa, ayudando a contextualizar las cifras y encontrar las causas de los problemas identificados por medio del análisis cuantitativo. Este método proporciona un contexto vital y perceptivo que complementa la información cuantitativa y facilita la identificación de barreras culturales y estructurales que perpetúan desigualdades de género. Aunque es más subjetivo, lo que puede dificultar su generalización, ofrece perspectivas críticas que suelen escaparse a un análisis meramente cuantitativo.

Como técnicas de recopilación de datos podemos citar:

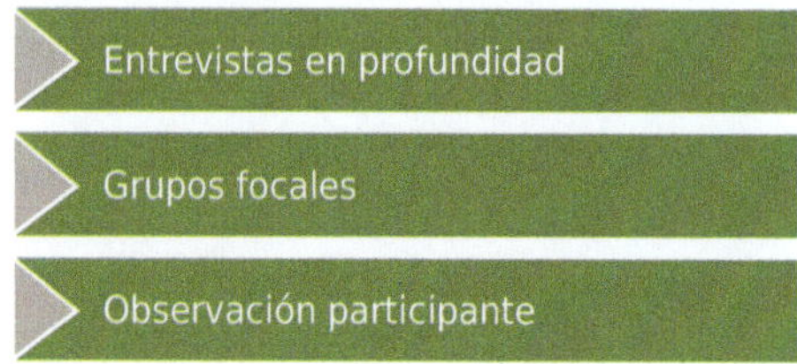

NOTA

El diagnóstico cualitativo posibilita un análisis profundo que identifica narrativas comunes y divergentes presentes en las experiencias laborales de los empleados; esta perspectiva contribuye al entendimiento de cómo las políticas y prácticas afectan de forma diferenciada a las personas con distintos roles y estatus en la organización.

Aunque estos métodos presentan diferencias en términos de enfoque y recopilación de datos, al **integrar diagnósticos cuantitativos y cualitativos,** las organizaciones pueden obtener una comprensión más precisa de las dinámicas de igualdad o desigualdad de género. Algunos casos de integración de ambos diagnósticos son:

- Los resultados de encuestas (cuantitativos) pueden ser utilizados para identificar áreas problemáticas iniciales donde enfocar entrevistas o grupos focales (cualitativos) para indagar en las causas.
- Una discrepancia identificada entre hombres y mujeres en términos de promoción profesional podría ser explicada por estudios cualitativos que exploren barreras culturales o percepciones internas de posibilidades de crecimiento.

EJEMPLO

Un ejemplo práctico de esta integración se encuentra en el diseño de programas de *mentoring* dentro de una organización, donde los datos cuantitativos podrían indicar una baja representación de mujeres en cargos de liderazgo, mientras que un análisis cualitativo revelaría que las mujeres perciben falta de oportunidades para avanzar o participar en redes informales de apoyo y ascenso dentro de la compañía.

La incorporación de ambos diagnósticos en un sistema de evaluación continuo forma la base sobre la cual las organizaciones pueden desarrollar e implementar planes de igualdad eficientes, monitoreando patrones de mejora o deterioro a lo largo del tiempo y ajustando intervenciones según sus necesidades.

TAREA 5

Varias trabajadoras de la empresa Q han informado a Recursos Humanos sobre los abusos de poder de su responsable de área en relación con los turnos de trabajo. Por ello, la empresa ha decidido realizar una encuesta anónima sobre esta cuestión en todos los departamentos. El resultado de la encuesta desvela que en el área denunciada por las trabajadoras y en tres más, existen abusos de poder por razón de género no solo en los turnos de trabajo, sino también en la concesión de permisos. El siguiente paso que da la empresa es la realización de entrevistas individuales a los miembros de dos de esas áreas y al conjunto de trabajadores y trabajadoras en las otras dos para identificar las causas de dichas actuaciones.

Identifica los métodos de recogida de datos llevados a cabo por la empresa Q.

2.2. Métodos de análisis cuantitativos

El análisis cuantitativo es una herramienta esencial en la identificación y la evaluación de desigualdades de género dentro del entorno laboral. Permite no solo medir, sino también establecer comparaciones objetivas que sirven para el diseño de políticas de igualdad efectivas; además, ofrece datos concretos y medibles fundamentales para proporcionar un diagnóstico inicial sobre las disparidades existentes.

Para iniciar un **análisis cuantitativo eficaz,** se debe establecer una base de datos sólida, donde se recoja información relevante, precisa, exhaustiva y actualizada acerca de la composición del personal, sus niveles jerárquicos, remuneraciones, evaluaciones de desempeño, promociones, entre otros aspectos, que representen la realidad organizacional en tiempo real.

Los métodos estadísticos más comunes, fundamentales para este tipo de análisis, incluyen la identificación y la cuantificación de las diferencias, tanto a nivel global en la empresa como dentro de cada área o departamento. Utilizar la **mediana y la media aritmética** en los cálculos puede dar una visión clara de dónde se encuentran los puntos de mayor desigualdad.

PARA SABER MÁS

Para profundizar en los métodos estadísticos más comunes, accede al siguiente enlace:

https://redirectoronline.com/ctri00090501

Un aspecto importante del análisis cuantitativo es la **segmentación de los datos;** al desglosar la información por género, edad, antigüedad, nivel académico y demás variables, permite observar con mayor claridad cómo intervienen distintos factores en la perpetuación de desigualdades. Por ejemplo, con la segmentación de los datos, el análisis cuantitativo puede revelar que las mujeres jóvenes con niveles de educación superior acceden a la empresa en igualdad de condiciones, pero enfrentan barreras en la promoción a posiciones de liderazgo.

Además de la segmentación, se deben aplicar **técnicas de análisis** como las siguientes:

Regresión lineal y regresión logística

- Evalúan la influencia de varias variables a la vez. Estas técnicas permiten inferir, con un grado de certeza estadística, cuáles son los factores más determinantes en la aparición de brechas de género. Por ejemplo, al utilizar la regresión logística, una empresa podría identificar la probabilidad de que una trabajadora promocione a un cargo superior en función de variables como experiencia laboral, educación, desempeño y otras características, cuantificando así el impacto de cada factor.

Análisis de cohortes

- Ayuda a observar cambios a lo largo del tiempo y evaluar la efectividad de las políticas de igualdad implementadas. Un análisis longitudinal puede mostrar tendencias y patrones de movilidad profesional de hombres y mujeres dentro de la empresa, analizando si las intervenciones en políticas salariales, de formación o de conciliación laboral se han traducido en una menor desigualdad.

IMPORTANTE

El análisis cuantitativo también se beneficia enormemente del *data mining* (minería de datos) y de las herramientas tecnológicas avanzadas que permiten procesar grandes volúmenes de información para encontrar patrones ocultos en la dinámica organizacional. Con el uso de sistemas de inteligencia empresarial, como *dashboards* interactivos, es posible proporcionar a los directivos una visualización clara y útil de las métricas de igualdad de género.

Para garantizar la eficacia de los análisis cuantitativos y generar informes precisos, éticos y útiles para la toma de decisiones, es importante contar con profesionales que posean tanto conocimientos estadísticos como sensibilidad de género, y respetar las leyes de protección de datos —Ley Orgánica 3/2018 y Reglamento (UE) 2016/679— manteniendo la confidencialidad y privacidad de las personas trabajadoras.

2.3. Métodos de análisis cualitativos

El análisis cualitativo capta matices y significados que a menudo escapan a las metodologías cuantitativas. Mientras que los métodos cuantitativos nos ofrecen una visión más general de la situación laboral en términos numéricos, los análisis cualitativos nos ayudan a explorar las experiencias individuales, entender las percepciones y desentrañar las dinámicas culturales y sociales que subyacen a las desigualdades de género. Para abordar de manera efectiva este tipo de análisis, es esencial conocer las diversas **técnicas cualitativas:**

- **Entrevistas.** Son una de las herramientas más valiosas para indagar sobre las experiencias personales y las percepciones de los individuos respecto a las desigualdades de género en el trabajo. Este método consiste en mantener conversaciones controladas con una o varias personas, lo que permite a los investigadores obtener información detallada y rica en contenido. Para un análisis de género, estas entrevistas pueden dirigirse a mujeres y hombres pertenecientes a diferentes niveles jerárquicos dentro de una empresa, permitiendo así identificar patrones, discriminaciones sutiles o percepciones específicas que puedan contribuir a una cultura laboral desigual.
- **Grupos focales.** Reúnen a un pequeño número de personas que discuten un tema concreto bajo la supervisión de un moderador. Este método es especialmente útil para analizar cómo se construyen y perciben las normas de género en el lugar de trabajo. A través de la interacción grupal, las personas participantes pueden reflexionar colectivamente sobre problemas y potencialidades, identificando barreras estructurales, pero también soluciones creativas y colectivas para promover la igualdad.
- **Observación participante.** Es una técnica en la que el investigador se integra dentro del entorno laboral para observar comportamientos, interacciones y prácticas cotidianas sin intervenir directamente. Este método permite captar la dinámica relacional entre el personal de una empresa, y cómo las normas y los códigos de género influyen en los comportamientos y roles adoptados.
- **Análisis del discurso.** Se centra en la forma en que el lenguaje refleja y perpetúa las desigualdades de género en el lugar de trabajo. Este método implica examinar documentos empresariales, comunicaciones internas, descripciones de puestos de trabajo y otros textos, buscando identificar el uso del lenguaje que pueda ser excluyente o refuerce estereotipos de género.
- **Historias de vida.** Son narraciones personales que permiten recoger de forma extensa y profunda las experiencias de un individuo a lo largo de su trayectoria laboral. Este enfoque es particularmente útil para analizar

cómo una persona experimenta y responde a las desigualdades a lo largo del tiempo.

- **Análisis etnográfico.** Permite comprender las complejidades y las particularidades de una cultura organizacional en términos de género. Mediante la observación, entrevistas y el estudio de las tradiciones de una empresa, el análisis etnográfico aporta una perspectiva integral sobre cómo se viven las diferencias de género en las dinámicas del día a día.
- **Estudio de casos.** Es una técnica cualitativa que investiga un fenómeno dentro de su contexto real, utilizando múltiples fuentes de información. En el ámbito laboral, los estudios de casos permiten un análisis profundo de situaciones particulares o excepcionales que clarifiquen pautas de desigualdad de género.
- **Métodos visuales.** Emplean el uso de imágenes, vídeos y otras representaciones visuales para explorar temas de interés. En el análisis de género, estas técnicas pueden ayudar a desentrañar las percepciones y las actitudes hacia la igualdad y la diversidad en el entorno laboral.

A continuación, se muestran ejemplos de aplicación de cada técnica.

Una forma de utilizar las entrevistas en profundidad puede ser organizando sesiones con empleadas en diferentes fases de su carrera profesional para explorar sus experiencias subjetivas relacionadas con el ascenso laboral, la formación continua y la conciliación de la vida laboral y personal.

Un grupo focal puede centrarse en explorar las barreras que enfrentan las mujeres que buscan entrar en áreas tradicionalmente dominadas por hombres dentro de la empresa, lo que podría fomentar discusiones enriquecedoras y en tiempo real sobre la cultura organizacional y las políticas de inclusión.

Un investigador que actúe como observador podría anotar cómo se desarrollan las reuniones empresariales, destacando quiénes son las personas que tienden a tomar la palabra, cómo se distribuyen las tareas en función del género y qué mensajes implícitos refuerzan las desigualdades.

Un análisis de los anuncios de empleo internos puede revelar el uso de un lenguaje que desalienta, consciente o inconscientemente, la aplicación de las mujeres a ciertos trabajos o puede criticar la redacción no incluyente de los convenios laborales que fomente una visión masculina de los roles.

Continúa en página siguiente >>

<< Viene de página anterior

Al recopilar la historia de vida de una mujer que ha ocupado varios puestos dentro de una misma organización, se podrían descubrir tendencias y patrones de discriminación, así como momentos críticos donde las políticas de igualdad pudieron haber tenido impacto.

En la práctica, un análisis etnográfico podría revelar cómo el paternalismo, la camaradería o incluso los micromachismos están presentes y qué papel juegan dentro de las rutinas laborales, afectando las oportunidades de desarrollo y desempeño de las mujeres.

Un estudio de caso podría analizar los procesos y las experiencias específicas dentro de una compañía que implementó un plan de igualdad de género. A través de este enfoque, se evaluará la eficacia de las medidas adoptadas, permitiendo extraer lecciones valiosas para aplicaciones futuras.

El análisis de materiales utilizados en campañas internas de sensibilización de la igualdad, por ejemplo, podría revelar sesgos inadvertidos en la representación de género y sugerir áreas de mejora para iniciativas futuras.

APLICACIÓN PRÁCTICA

Un equipo de trabajo de la empresa M está reunido para tomar varias decisiones sobre su producto estrella. Ante los casos de desigualdades denunciadas a la Dirección por algunas trabajadoras, se ha decidido que en este tipo de reuniones participe Enrique para intentar detectar conductas o cualquier otro indicio de desigualdad. ¿Qué técnica cualitativa está adoptando la empresa para analizar la información?

Solución

La técnica cualitativa utilizada por la empresa es la observación participante. Enrique se integra en la reunión sin participar activamente en ella, solo observa conductas para identificar posibles situaciones de desigualdad entre los miembros de la reunión. Así obtiene información relevante sobre las políticas adoptadas en la empresa que puedan tener influencia en los comportamientos y roles adoptados.

2.4. Evaluación de datos de desigualdad de género

Esta evaluación ofrece una visión clara y cuantificable de cómo se manifiestan las disparidades de género en las organizaciones. Su importancia radica en su capacidad para proporcionar un diagnóstico preciso sobre la situación actual en este ámbito. Al contar con datos recogidos de manera sistemática y rigurosa, las empresas pueden identificar las áreas críticas y diseñar políticas y estrategias orientadas a fomentar la igualdad. Además, permite demostrar el compromiso de la empresa con los principios de igualdad y diversidad, ayudando a mejorar la reputación corporativa.

Para llevar a cabo una evaluación exhaustiva, es necesario recopilar tanto datos cualitativos como cuantitativos, siendo algunos de estos últimos los siguientes:

- **Datos de Recursos Humanos,** como tasas de contratación y promoción, salarios por género, abandono del trabajo y proporción de hombres y mujeres en diferentes niveles jerárquicos.
- **Datos de encuestas de satisfacción o clima laboral,** en las que se pueden incluir preguntas específicas sobre percepciones de igualdad de género.
- **Indicadores de rendimiento y evaluación** que valoran si existen disparidades en la calificación de desempeño entre empleados de diferentes géneros, y si estas reflejan favoritismo o prejuicio.
- **Datos sobre la asignación de tareas,** que pone de manifiesto si existe una tendencia en la asignación de determinados proyectos hacia un género predominante.
- **Participación en programas formativos y de desarrollo,** evaluando la participación de hombres y mujeres en estos programas y permitiendo determinar si existen diferencias en la disponibilidad o el acceso a estos recursos.

La **metodología para evaluar los datos** de desigualdad de género debe ser rigurosa y adaptada a las características y las necesidades específicas de cada empresa. A continuación, se presentan los pasos fundamentales para llevar a cabo esta evaluación:

Definición de objetivos	- Antes de comenzar la recopilación de datos, hay que definir los objetivos específicos de la evaluación. ¿Qué aspectos de la desigualdad de género se desean explorar? ¿Qué metas se esperan alcanzar con la evaluación?
Recopilación de datos	- Usar herramientas y sistemas de gestión de Recursos Humanos para adquirir datos sobre contratación, promociones, remuneración, etc. Al mismo tiempo, realizar encuestas o entrevistas para obtener percepciones cualitativas acerca de la equidad de género.
Análisis de datos	- Utilizar técnicas estadísticas para identificar patrones, tendencias y diferencias significativas de los diferentes géneros en el ámbito laboral en la empresa. La segmentación de datos por departamentos u otras áreas también puede ser útil.
Comparación	- Comparar los datos recogidos con estándares de la industria, estudios nacionales de igualdad de género o *benchmark*. Esta comparación ofrece una perspectiva sobre cómo se sitúa la empresa frente a sus competidores dentro y fuera del sector.
Informe y recomendaciones	- Una vez realizado el análisis, documentar los hallazgos y articular recomendaciones críticas que se puedan incluir en políticas futuras. Estos pueden implicar la identificación de barreras estructurales y sugerencias para eliminarlas.

EJEMPLO

Una empresa detecta a través de sus análisis estadísticos cuantitativos que las tasas de promoción de hombres superaban a las de mujeres en un 20 % en niveles de gestión intermedio. Mediante encuestas cualitativas, descubrieron que muchos empleados percibían una cultura de promoción basada en el tiempo que pasaban en la oficina, ignorando otros factores relevantes. Este indicativo llevó a la empresa a reevaluar sus criterios de promoción, implementando políticas más flexibles de trabajo remoto y programas de mentoría para mujeres, lo cual equilibró las tasas de promoción en un período de dos años.

Recopilación y análisis de datos

Para llevar a cabo de manera efectiva la **recopilación de datos** se necesita saber cuáles son las metas y los objetivos del análisis. El propósito es identificar las brechas de género existentes en diversos aspectos del entorno laboral. Cada organización puede variar en los métodos utilizados dependiendo de su tamaño, su estructura y el sector al que pertenezca. Sin embargo, existen ciertos **principios generales que seguir:**

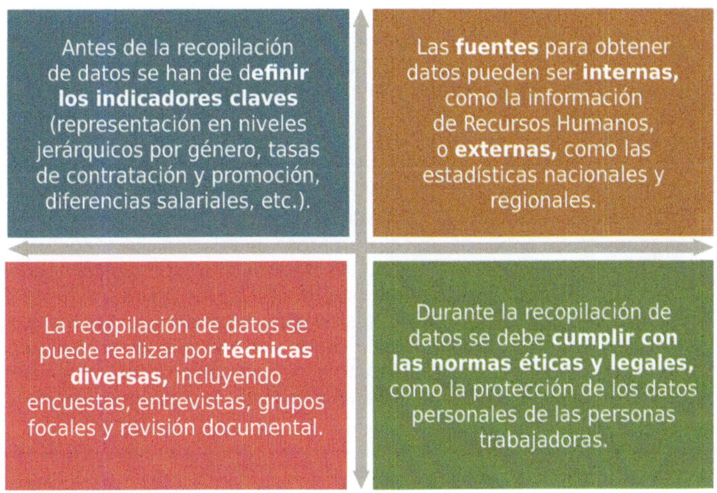

Una vez que los datos han sido recopilados, el siguiente paso es el **análisis de estos datos,** actividad que permite obtener conclusiones significativas sobre la desigualdad de género en la empresa y que se puede realizar a través del análisis cuantitativo, del análisis cualitativo, las comparaciones internas y externas, y la identificación de las principales causas. Finalmente, el análisis debe concluir con la interpretación y la presentación de los resultados de una manera comprensible para la toma de decisiones empresariales.

Interpretación de resultados

Este proceso implica un enfoque analítico y comprensivo que transforma meros datos en información significativa útil para planificar acciones hacia la igualdad de género en la empresa. Para una **interpretación efectiva** se requiere seguir una serie de pautas y utilizar técnicas adecuadas:

Pautas

- Contextualización de los datos: la interpretación de los resultados comienza con una contextualización adecuada de los datos recopilados. Es importante considerar el entorno tanto interno como externo de la empresa, teniendo en cuenta factores como el tamaño de la organización, la naturaleza del trabajo realizado, el marco legal vigente y las normativas de igualdad aplicables. Esto ayudará a diferenciar si las desigualdades observadas son un reflejo de cuestiones específicas de la empresa o parte de una tendencia más amplia en la industria o región.
- Identificación de temas claves: a partir de los datos analizados, se deben identificar los principales temas y problemas que indican desigualdad de género. Esto incluye patrones de disparidad salarial, oportunidades de ascenso, tasas de contratación, beneficios y políticas de conciliación laboral, entre otros. Identificar estos temas ayuda a consolidar la información en áreas manejables que requieren atención específica.
- Comparación con referencias y normativas: comparar los resultados con referencias externas, como indicadores sectoriales de género u objetivos gubernamentales de igualdad, permite medir el avance de la empresa respecto al estándar esperado. Esta comparación puede, a su vez, generar una mayor comprensión de dónde se ubica la empresa en relación con el contexto competitivo y regulatorio, guiando así el camino hacia la mejora continua.
- Análisis de las principales causas: una interpretación precisa requiere no solo la descripción numérica de los datos, sino también una exploración profunda de las causas de las desigualdades identificadas. Por ejemplo, un análisis podría revelar que, aunque hay proporcionalidad de género en la contratación, existen barreras implícitas para el ascenso de mujeres a puestos de alta dirección, que pueden ser culturales, estructurales o basadas en prejuicios inconscientes.

Técnicas

- Análisis de brechas y distribución: comprender la distribución de roles y responsabilidades dentro de la organización a través de un análisis de la composición de género ayuda a identificar si hay segregación horizontal (división desigual de roles laborales) o vertical (barreras que impiden a las mujeres alcanzar puestos de liderazgo).
- Mapeo de procesos y políticas: revisar los procesos organizativos y las políticas internas para identificar si perpetúan las desigualdades de género. Por ejemplo, analizar si las políticas de conciliación familiar favorecen a un género sobre el otro o si las prácticas de evaluación del desempeño son equitativas.
- Estudios de caso: utilizar casos específicos dentro de la organización que ejemplifiquen los problemas observados puede arrojar luz sobre narrativas y experiencias personales que cuantifican el problema a nivel individual. A menudo estas historias resaltan problemas estructurales recogidos mediante datos puramente estadísticos.
- Encuestas y grupos focales cualitativos: facilitar discusiones profundas a través de encuestas detalladas y grupos focales con empleados permite obtener una perspectiva cualitativa que complementa los análisis cuantitativos. Estas técnicas ayudan a entender los efectos directos de las políticas e identificar áreas para posibles intervenciones.

Al presentar los resultados, es esencial formular las conclusiones de manera clara y accesible para todos los interesados por medio de informes comprensibles que resuman los hallazgos claves, utilizando gráficos y tablas para destacar tendencias y patrones significativos, entre otros medios.

SABÍAS QUE...

A través de la interpretación fundamentada de los resultados, las empresas están mejor posicionadas para implementar cambios efectivos y pertinentes en sus políticas y prácticas, integrándolos en la toma de decisiones estratégicas y operativas, y promoviendo de esta forma una cultura organizacional implicada con la igualdad de género.

2.5. Uso de herramientas para la identificación de desigualdades

Después de comprender cómo interpretar resultados en la búsqueda de la equidad dentro de la empresa, se ha de avanzar hacia la utilización de herramientas efectivas que permitan evidenciar situaciones de desigualdad. A continuación, se muestran diferentes **instrumentos que facilitan el diagnóstico** para la formulación de planes de igualdad:

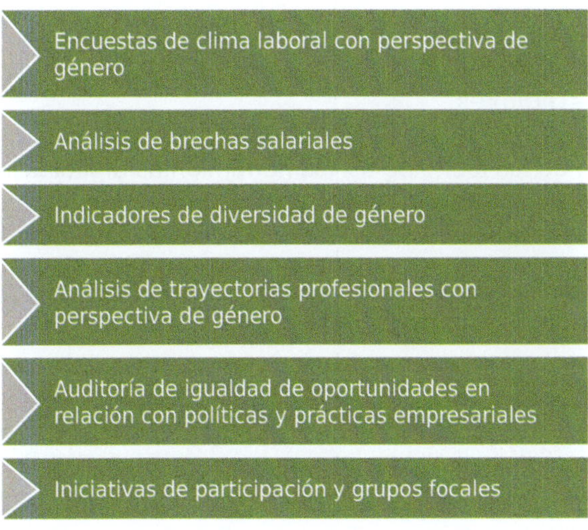

Continúa en página siguiente >>

<< Viene de página anterior

- Evaluación de políticas de Recursos Humanos bajo el prisma de igualdad de género
- Sistemas de algoritmos y técnicas de analítica de datos
- *Benchmarking* externo

Finalmente, para que las **herramientas mencionadas sean efectivas,** los resultados deben ser comunicados de manera clara y transparente a todos los niveles de la organización. Elaborar informes regulares sobre el estado de la igualdad de género, tanto dentro de la empresa como en relación con sus objetivos estratégicos, permite un seguimiento continuo de las desigualdades identificadas y los avances realizados para abordarlas.

ACTIVIDAD COMPLEMENTARIA

5. Busca en internet información sobre las ventajas que presenta la herramienta *Benchmarking* utilizada en la realización del diagnóstico previo al desarrollo del plan de igualdad.

Herramientas digitales

En la era de las tecnologías, las herramientas digitales se presentan como aliadas imprescindibles en la identificación y la gestión de las desigualdades de género en el entorno laboral. Estas herramientas no solo facilitan el análisis de grandes volúmenes de datos, sino que también contribuyen a la transparencia, la eficacia y la eficiencia en el desarrollo de planes de igualdad. Algunas de ellas son:

- **Análisis de datos y *big data*.** Con su capacidad para procesar grandes cantidades de información, estas herramientas permiten identificar tendencias ocultas, disparidades salariales, diferencias en promociones, y distribución desequilibrada de roles de liderazgo, entre otros aspectos. Plataformas como Tableau o Power BI pueden visualizar datos de manera intuitiva, facilitando el reconocimiento de patrones de disparidad que, de otro modo, pasarían desapercibidos.

- ***Software* de encuestas y *feedback*.** La recopilación de percepciones y experiencias directamente de los empleados es un componente para comprender la realidad de desigualdad de género dentro de la empresa. Herramientas como SurveyMonkey o Google Forms permiten crear y distribuir encuestas de manera ágil, recopilando datos cualitativos y cuantitativos que ayudan a identificar áreas problemáticas. Estas plataformas también ofrecen herramientas analíticas integradas que ayudan a segmentar respuestas por género, departamento o nivel jerárquico.
- **Plataformas de gestión de recursos humanos (HRMS).** Las plataformas de gestión de recursos humanos como SAP SuccessFactors y Workday proporcionan vistas integrales de las métricas de RR. HH., incluyendo estadísticas de género en contrataciones, retenciones, promociones y salarios. Estas plataformas también pueden integrar módulos específicos de equidad, permitiendo un seguimiento pormenorizado del progreso de las políticas de igualdad implementadas.
- **Inteligencia artificial (IA) y aprendizaje automático.** Tanto uno como otro están revolucionando la forma en que se abordan las desigualdades de género en las empresas. Algoritmos de IA pueden analizar descripciones de trabajo y eliminar sesgos de género, asegurando que el lenguaje utilizado no desaliente a posibles candidatas. Además, estos algoritmos pueden evaluar avances en los programas de igualdad analizando dinámicas de interacciones diarias en plataformas de comunicación corporativa.
- **Herramientas de comunicación y colaboración.** En un mundo cada vez más digitalizado, las herramientas de comunicación como Slack, Teams o Zoom facilitan una colaboración equitativa entre los equipos, sin importar la ubicación física. Permiten la creación de espacios seguros donde los empleados se sientan cómodos para expresar inquietudes sobre desigualdades de género. Además, estas herramientas permiten recordar a los equipos la importancia de mantener diálogos inclusivos y respetuosos.
- **Plataformas de auditoría y cumplimiento.** Es vital que las empresas utilicen herramientas digitales que aseguren el seguimiento y el cumplimiento de normativas de género. Herramientas como MetricStream o GRC (Governance, Risk and Compliance) permiten a las organizaciones no solo supervisar su conformidad con leyes laborales de igualdad de género, sino también detectar y corregir procesos que podrían estar perpetuando desigualdades.
- **Aplicaciones de formación y sensibilización.** La educación y la formación continua son claves para erradicar prejuicios inconscientes y promover una cultura de igualdad en el trabajo. Aplicaciones como Coursera, edX o plataformas personalizables desarrolladas internamente

ofrecen cursos y módulos interactivos para sensibilizar a los empleados sobre temas de género y proporcionarles las herramientas necesarias para transformar su entorno laboral.

- **Herramientas de gestión de proyectos y evaluación de desempeño.** Las herramientas de gestión de proyectos como Asana, Trello o Monday.com permiten a los equipos de Recursos Humanos y de Igualdad planificar, ejecutar y controlar proyectos relacionados con la equidad de género. Estas herramientas no solo favorecen la organización del trabajo, sino que también aseguran que las iniciativas por la igualdad se implementen efectivamente, haciendo seguimiento del progreso y facilitando informes a la alta dirección.

Técnicas de auditoría de género

Una vez vistas las herramientas digitales que facilitan el análisis, se desarrollan las técnicas que permiten llevar a cabo una auditoría efectiva de género en la empresa. A través de estas técnicas, las organizaciones pueden detectar áreas problemáticas, definir objetivos y desarrollar planes de acción concretos para promover la igualdad de género. La auditoría de género comprende las siguientes acciones:

- **Revisión documental.** El punto de partida para una auditoría de género exitosa es la revisión exhaustiva de los documentos de la empresa. Esto incluye evaluar políticas, planes de igualdad previos, reglamentos internos y cualquier otra documentación relevante que pueda reflejar prácticas actuales y potenciales sesgos de género. Es importante prestar especial atención a aspectos como la utilización de un lenguaje inclusivo y no sexista, procedimientos de contratación y promoción con perspectiva de género, y jornadas laborales y permisos bajo el prisma de la igualdad.
- **Análisis cuantitativo.** Este análisis implica la recopilación y la evaluación de datos numéricos relacionados con la estructura de la empresa. Estos datos pueden proporcionar una visión clara de cómo se distribuyen los géneros en diferentes niveles jerárquicos y departamentos. Los aspectos para evaluar incluyen la proporción de género en la plantilla, la brecha salarial de género y la tasa de promoción y rotación.
- **Análisis cualitativo.** Complementario al análisis cuantitativo, este análisis permite explorar las percepciones, las experiencias y las barreras percibidas por diferentes géneros dentro de la empresa. Esto se logra generalmente a través de entrevistas individuales, reuniones con grupos heterogéneos de personal y encuestas anónimas.

- **Evaluación del clima laboral.** Evaluar el clima laboral implica estudiar las relaciones interpersonales, la cultura corporativa y las prácticas diarias que afectan la equidad de género. Factores que considerar son la inclusividad en la comunicación (diálogo abierto y respeto mutuo entre géneros), las políticas y los protocolos de acoso y discriminación, y los programas de diversidad de género.
- ***Benchmarking* externo.** El *benchmarking* es una técnica que permite comparar las prácticas de la empresa con estándares y prácticas de otras organizaciones que son consideradas líderes en igualdad de género. Implica investigar y adoptar estrategias exitosas de empresas que han implementado políticas de género efectivas. Los aspectos clave incluyen el contacto con asociaciones sectoriales, la participación en *rankings* y certificaciones, y la colaboración con consultoras especializadas.
- ***Feedback* continuo y seguimiento.** La auditoría de género debe ser un proceso continuo. Implementar un sistema para recoger *feedback* constante y realizar el seguimiento del progreso es esencial para realizar los ajustes necesarios y mantener el impulso hacia la igualdad de género. Esto puede incluir la creación de comités de igualdad, la utilización de canales informales de comunicación entre el personal y la administración, y la revisión periódica de políticas.
- **Informe de resultados y plan de acción.** La finalización de la auditoría de género es el desarrollo de un informe de resultados y un plan de acción detallado. Este informe debe recoger los hallazgos claves, las metas específicas que conseguir y una propuesta de las intervenciones estratégicas que aplicar.

3. Resumen

La identificación de desigualdades en el ámbito empresarial es una tarea compleja que requiere un diagnóstico certero. Comprender la diferencia entre métodos cualitativos y cuantitativos resulta esencial.

Análisis cuantitativos	Análisis cualitativos
- Permiten obtener una visión numérica y directa de las desigualdades, utilizando herramientas estadísticas (mediana y media aritmética) para evaluar el estado actual y los patrones prevalentes dentro de la empresa. Estos métodos, junto con la regresión lineal, la regresión logística y el análisis de cohortes, permiten medir el alcance de problemas como la brecha salarial de género, los niveles de promoción entre hombres y mujeres, y la distribución del trabajo basado en género.	- Ofrecen una interpretación más profunda y significativa del contexto social y cultural que rodea estas cifras. Utilizando técnicas como entrevistas, grupos focales, observación participantes, análisis del discurso, historias de vida, análisis etnográfico, estudios de casos y métodos visuales, se puede descubrir el impacto real de las políticas laborales y la cultura organizacional sobre las experiencias individuales del personal.

La **evaluación de datos de desigualdad de género** es un proceso meticuloso que requiere recabar información relevante y alinearla con las normativas y las metas de la empresa. A través del análisis de datos, es posible identificar patrones persistentes de desigualdad y proponer planes de acción direccionados y efectivos. El proceso de evaluación consta de las siguientes **etapas:**

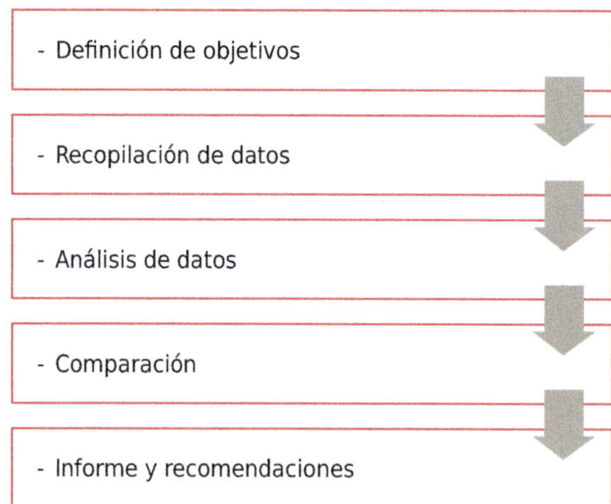

En la recopilación de datos, las organizaciones han de cumplir unos **principios generales comunes,** con independencia de otros factores como tamaño, estructura o sector. Están relacionados con la definición de indicadores claves, la utilización de fuentes tanto internas como externas, el uso de técnicas muy diversas, y el cumplimiento de las normas éticas y legales, tal como la Ley Orgánica de Protección de Datos Personales y garantía de los derechos digitales.

Las **herramientas digitales** han cobrado un papel protagonista en este campo, permitiendo a los analistas gestionar grandes volúmenes de datos con mayor precisión y transparencia. Desde *softwares* especializados hasta plataformas integrales, las tecnologías actuales brindan un soporte para identificar y abordar desigualdades. Entre ellas están:

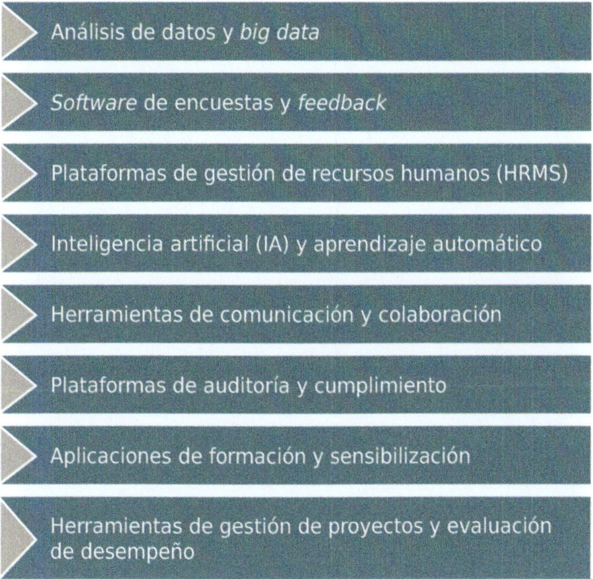

La **interpretación de resultados** es otro componente crítico en este proceso, pues no solo se trata de recopilar y analizar datos, sino de comprender e interpretar adecuadamente lo que estos revelan. Las cifras deben traducirse en conclusiones prácticas que permitan a las organizaciones emprender acciones eficientes para rectificar situaciones de inequidad. Aquí, las técnicas de auditoría de género ofrecen una perspectiva avanzada, permitiendo un escrutinio exhaustivo de las políticas, las prácticas y los procedimientos internos que pudieran estar contribuyendo a situaciones de desigualdad.

Ejercicios de autoevaluación Unidad de Aprendizaje 5

1. **Indica si la siguiente afirmación es verdadera o falsa: "La identificación de patrones de desigualdad a través de cifras hace referencia al diagnóstico cuantitativo".**

   - Verdadero
   - Falso

2. **Indica si la siguiente afirmación es verdadera o falsa: "El diagnóstico cualitativo se centra en buscar experiencias relacionadas con la igualdad de género en la organización".**

   - Verdadero
   - Falso

3. **Indica si la siguiente afirmación es verdadera o falsa: "La segmentación de los datos es una característica del análisis cualitativo de la información".**

   - Verdadero
   - Falso

4. **¿Qué técnicas de análisis evalúan la influencia de varias variables a la vez?**

   a. Análisis de cohortes.
   b. Segmentación de datos.
   c. Regresión lineal.
   d. Regresión logística.

5. **El examen de documentos empresariales y comunicaciones internas para detectar el uso de un lenguaje centrado en estereotipos de género, ¿qué técnica cualitativa es?**

   a. Métodos visuales.
   b. Historias de vida.
   c. Análisis del discurso.
   d. Observación participante.

6. ¿En qué paso de la metodología para evaluar los datos de desigualdad de género se utiliza el *benchmark*?

a. Comparación.
b. Definición de objetivos.
c. Análisis de datos.
d. Recopilación de datos.

7. ¿Cuáles son las técnicas adecuadas para realizar una interpretación efectiva de los resultados obtenidos con el análisis de los datos?

a. Análisis de brechas y distribución.
b. Mapeo de procesos y políticas.
c. Estudios de caso.
d. Todas las opciones son correctas.

8. ¿Qué herramientas digitales pueden visualizar datos de manera intuitiva para reconocer patrones de disparidad en los entornos laborales?

a. Tableau
b. Power BI
c. SAP
d. Zoom

9. ¿Qué acciones se llevan a cabo en la auditoria de género?

a. Análisis DAFO.
b. Evaluación del clima laboral.
c. Informe de resultados y plan de acción.
d. Lluvia de ideas.

10. Indica si la siguiente afirmación es verdadera o falsa: "La auditoría de género no debe ser un proceso continuo".

- Verdadero
- Falso

Unidad de aprendizaje 6

Desarrollo del programa del plan de igualdad

Contenido

1. Introducción
2. Definición de los indicadores de medición y objetivos que conseguir con la aplicación del plan de igualdad
3. Resumen

Objetivos

Los objetivos generales de esta Unidad de Aprendizaje son:

→ Explicar los aspectos clave de los indicadores de medición de los planes de igualdad.

→ Definir los objetivos que alcanzar con la aplicación de los planes de igualdad.

Los objetivos específicos de esta Unidad de Aprendizaje son:

→ Analizar los tipos de indicadores de medición existentes.

→ Establecer las estrategias apropiadas para definir de una forma adecuada los objetivos que cumplir.

→ Describir los objetivos y las estrategias que implementar bajo las premisas de un caso dado.

1. Introducción

El desarrollo y la implementación de un plan de igualdad no solo son medidas esenciales en la búsqueda de equidad de género en el ámbito laboral y social, sino que también son fundamentales para el logro de sociedades más justas y equilibradas. El desarrollo detallado de un plan de igualdad consiste en un proceso que es mucho más que un simple formalismo: es un acto consciente y comprometido que requiere claridad de objetivos y estrategias bien definidas, además de un conocimiento profundo de los indicadores que medirán su éxito.

Estos indicadores sirven como herramientas de diagnóstico que nos permitirán obtener una visión precisa de la situación actual en términos de igualdad de género. ¿Cómo podemos saber si realmente estamos progresando hacia nuestros objetivos sin ellos? Los indicadores nos proporcionan las métricas necesarias para medir el impacto real de las acciones emprendidas. Pero no se trata solo de medir, sino de establecer metas claras y alcanzables. Estos objetivos deben estar alineados con la misión del plan de igualdad y deben diseñarse con el fin de generar un cambio positivo dentro de una organización o comunidad.

Un plan de igualdad también demanda estrategias innovadoras y bien pensadas que no se limiten a cumplir con los mínimos legales, sino que vayan más allá para garantizar un entorno verdaderamente inclusivo y equitativo. Las estrategias, que incluyen desde la sensibilización hasta la formación, son el puente entre los objetivos trazados y la realidad. No podemos dejar de lado la importancia de una programación cuidadosa de actividades de sensibilización y formación que garantice un alcance significativo, y la evaluación como parte integral del desarrollo de cualquier plan eficaz.

Para desarrollar el programa de un plan de igualdad nos vamos a basar en los conocimientos que adquieren los miembros del equipo de la empresa WorldPrint que lo va a implantar, y que van a recibir de la mano de Ángeles en el próximo módulo formativo.

2. Definición de los indicadores de medición y objetivos que conseguir con la aplicación del plan de igualdad

HILO CONDUCTOR

El equipo encargado de la implantación del plan de igualdad en la empresa WorldPrint se reúne con Ángeles para recibir formación sobre cómo se desarrolla el programa del plan de igualdad. La definición de los indicadores que miden la igualdad en la empresa y los objetivos que se deben alcanzar son los pilares principales sobre los que versará la formación en esta sesión.

En la implementación de un plan de igualdad, la **definición de indicadores de medición y los objetivos que lograr** constituyen etapas esenciales para asegurar que las acciones emprendidas se dirigen correctamente hacia el cambio esperado, así como para evaluar su eficacia y modificar estrategias cuando sea necesario. Esta parte del plan proporciona un marco que permite rastrear el progreso y medir el impacto de las medidas implementadas para eliminar las desigualdades de género en diferentes contextos organizacionales:

Indicadores de medición	- Los indicadores de medición juegan un papel clave al permitir la cuantificación y valoración del éxito de un plan de igualdad.
Objetivos	- En la elaboración del plan de igualdad, la definición de objetivos es un pilar fundamental para guiar todas las acciones que se van a implementar.

2.1. Indicadores de medición

Elegir los indicadores correctos es necesario para el seguimiento y la evaluación del impacto del plan de igualdad en la empresa. Una guía sobre **cómo definir estos indicadores de forma eficaz** puede ser la siguiente:

- **Identificación de áreas clave.** El primer paso consiste en identificar las áreas clave en las que el plan de igualdad debe impactar. Estas áreas variarán según las necesidades específicas de cada organización, pero suelen incluir temas como brechas salariales, conciliación personal y laboral, distribución de puestos de liderazgo, acoso y discriminación en el trabajo, entre otros.
  Por ejemplo, si una organización ha identificado una significativa brecha salarial entre géneros, esta sería un área clave sobre la cual trabajar y establecer indicadores específicos para medir mejoras en este aspecto.
- **Definición de indicadores específicos.** Los indicadores han de permitir la evaluación precisa de los cambios en las áreas identificadas. Estos indicadores deberían ser cuantitativos (datos numéricos que permiten mediciones objetivas) y cualitativos (aspectos que ayuden a comprender el nivel de satisfacción o percepción entre los empleados).
  Ejemplo: un indicador cuantitativo podría ser "el incremento del 15 % del número de mujeres en cargos de liderazgo dentro de tres años", mientras que uno cualitativo podría ser "la evaluación mediante encuestas periódicas que midan la percepción de igualdad de oportunidades dentro de la organización".
- **Establecimiento de objetivos.** Cada indicador debe ir acompañado de objetivos que impulsen el compromiso de la organización hacia la igualdad de género. Estos deben ser específicos, medibles, alcanzables, realistas y temporales, además de estar alineados con los objetivos generales de la organización.
  Por ejemplo, un objetivo podría ser "Reducir la brecha salarial de género en un 10 % en un período de dos años", lo que implicaría no solo contar con políticas salariales justas, sino también la necesidad de una revisión continua y cambios en la cultura organizacional.
- **Seguimiento y evaluación.** La siguiente etapa es implementar un sistema de seguimiento y evaluación que permita una monitorización regular mediante procesos de recogida de datos que informen sobre el progreso hacia los objetivos; un análisis de datos que identifique tendencias, logros y áreas que requieren mejoras; y una retroalimentación constante sobre las políticas aplicadas.
  Un enfoque eficaz en esta área facilitaría, por ejemplo, el ajuste de las medidas adoptadas si se detecta que los objetivos están lejos de alcanzarse, a pesar de tener los indicadores bien definidos.
- **Adaptabilidad y revisión continua.** Los planes de igualdad no son estáticos, deben adaptarse continuamente a los cambios internos y externos a la organización. La evaluación de indicadores y el progreso hacia los objetivos fijados deben informar sobre cualquier ajuste necesario al plan. Esto implica redefinir ciertos indicadores, establecer nuevos objetivos o modificar las estrategias para alcanzar los fines propuestos. Se han

de fijar revisiones periódicas del plan de igualdad, donde se analicen los resultados obtenidos con los indicadores establecidos y se propongan cambios de mejora en la efectividad del plan.

IMPORTANTE

El papel de la comunicación en este proceso es crucial y pasa por compartir abiertamente con todo el personal los resultados y el progreso para fomentar un sentido de participación y compromiso en la empresa.

Tipos de indicadores

La implementación eficaz de un plan de igualdad en cualquier organización no solo requiere la definición clara y precisa de indicadores de medición, sino también el **conocimiento de los diversos tipos de indicadores que se pueden emplear** para evaluar el progreso hacia los objetivos establecidos. Estos indicadores sirven como herramientas de medición y seguimiento del impacto de las acciones implementadas y son:

- **Cuantitativos.** Son los más directos y proporcionan datos numéricos y estadísticos que cuantifican aspectos específicos del plan de igualdad. Estos indicadores son fáciles de recoger y comparar, lo que los hace indispensables para evaluar el impacto a lo largo del tiempo.
- **Cualitativos.** Estos ofrecen una perspectiva más profunda y rica, que trata de capturar las dimensiones más subjetivas del progreso hacia la igualdad de género. Aunque son más difíciles de medir y comparar, muestran una comprensión integral del contexto y los cambios culturales necesarios para lograr una verdadera igualdad.
- **De proceso.** Estos indicadores se centran en las actividades realizadas y los procedimientos implementados para alcanzar los objetivos del plan. Pueden incluir el número de capacitaciones realizadas sobre igualdad de género o la revisión de políticas internas para asegurar que no existan barreras a la participación equitativa.
- **De resultado.** Los indicadores de resultado evalúan los efectos inmediatos de estas actividades, como la proporción de empleados que han modificado sus prácticas como resultado de las capacitaciones o el número de políticas modificadas para eliminar el sesgo de género.

- **De impacto.** Estos examinan los efectos del plan a largo plazo y cómo repercuten en la organización y sus miembros. Un impacto esperado podría ser un aumento sostenible de la representación femenina en comités ejecutivos, o una disminución en la rotación de personal femenino debido a un ambiente laboral más inclusivo y equitativo.
- **De igualdad de género específicos.** Dentro del contexto de igualdad de género, se han de considerar indicadores que identifiquen y midan diferencias específicas entre géneros, así como el progreso hacia el logro de la paridad. Algunos indicadores de este tipo incluyen indicadores de participación laboral, de liderazgo, de igualdad salarial, de conciliación laboral y familiar.
- **Contextuales.** Estos indicadores incluyen factores externos que pueden influir en el éxito del plan de igualdad, como las políticas gubernamentales de igualdad de género, las normativas sectoriales específicas, las normativas legales vigentes, y los factores culturales y sociales.
- **De desigualdad estructural.** Se utilizan para identificar obstáculos en la consecución de la igualdad de género. Incluyen indicadores de acceso a recursos que evalúan la paridad en este aspecto, indicadores de promoción y progresión profesional que analizan el ascenso de mujeres y hombres en la jerarquía organizacional, o indicadores de discriminación institucional que miden la existencia de prácticas que excluyen a personas de un género específico.

DEFINICIÓN

Indicadores de participación laboral
Miden la proporción de mujeres y hombres en diferentes niveles y sectores de la organización, así como la tasa de participación en programas de desarrollo profesional.

Indicadores de liderazgo
Cuantifican la representación de mujeres en posiciones de liderazgo y toma de decisiones dentro de la organización.

Indicadores de igualdad salarial
Evalúan la brecha salarial de género dentro de la organización.

Indicadores de conciliación laboral y familiar
Miden el acceso equitativo a beneficios laborales que facilitan la conciliación.

Cuando una organización desarrolla su sistema de indicadores para un plan de igualdad, es esencial considerar un **enfoque integrador y multidimensional** que incorpore una variedad de estos indicadores. El sistema debe ser **flexible** para adaptarse a cambios en las necesidades organizacionales y externas, y debe implicar una revisión continua para asegurar la relevancia y la eficacia de los indicadores seleccionados.

La clave para la implementación de un **sistema de indicadores firme** es la participación de partes interesadas de múltiples niveles dentro de la organización. Desde Recursos Humanos hasta los altos directivos, cada rol puede ofrecer perspectivas valiosas acerca de qué indicadores son los más pertinentes y cómo se pueden movilizar recursos para apoyar la recopilación y el análisis de datos.

NOTA

El conocimiento y la implementación estratégica de los diferentes tipos de indicadores en un plan de igualdad se consideran un pilar fundamental para cualquier plan que aspire a lograr una verdadera transformación en igualdad de género.

Una vez recopilados y analizados, los resultados de los indicadores **deben servir como base para la toma de decisiones.** Esto implica identificar no solo los avances logrados, sino también las áreas de mejora y los obstáculos persistentes. Un enfoque proactivo hacia la supervisión constante y la adaptación del plan, en función de los resultados de los indicadores, permitirá ajustes estratégicos que optimizarán la eficacia del plan de igualdad.

Los resultados deben ser comunicados de manera transparente a toda la organización para fomentar una cultura de responsabilidad y sensibilización en temas de igualdad de género. Además, este proceso de rendición de cuentas puede impulsar el compromiso de la organización con la implementación y el logro de una igualdad de género sostenible.

PARA SABER MÁS

El objetivo de desarrollo sostenible (ODS) 5 está relacionado con la igualdad entre los géneros y el empoderamiento de las mujeres y las niñas. Accede al siguiente enlace para conocer este ODS 5 establecido por las Naciones Unidas:

https://redirectoronline.com/ctri00090601

Los datos que proporciona el **Instituto Nacional de Estadística** (INE) en su apartado ***Mujeres y Hombres en España*** pueden ayudar en la definición de los indicadores de medición del impacto de la igualdad en la empresa. Las cifras que se recopilan en estos informes muestran la realidad de la igualdad de género en organizaciones públicas y privadas, en áreas concretas. En la gráfica sobre el porcentaje de mujeres que ostentan cargos de liderazgo en las empresas del IBEX-35 se pone de manifiesto la evolución positiva que han experimentado a lo largo de los años.

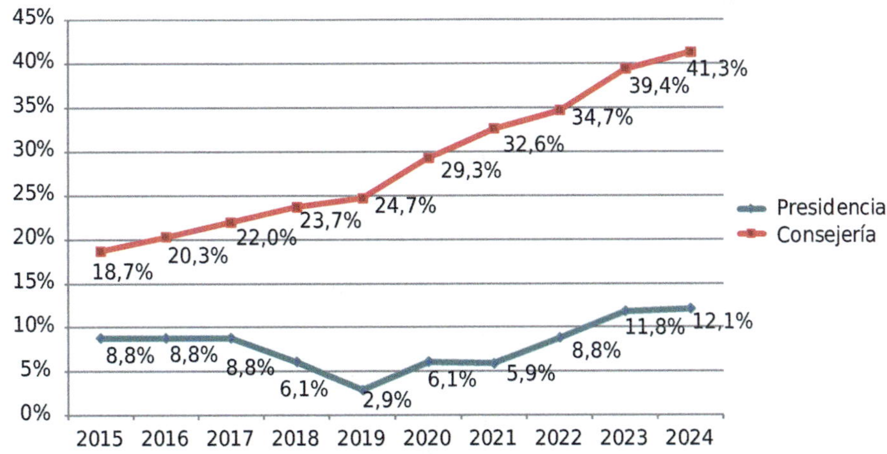

Mujeres en la presidencia y en los consejos de administración de las empresas del IBEX-35 (porcentaje de mujeres) Fuente: Instituto Nacional de Estadística

PARA SABER MÁS

El Instituto de las Mujeres publica unos informes sobre los principales indicadores de igualdad. Accede al siguiente enlace para consultarlos:

https://redirectoronline.com/ctri00090603

ACTIVIDAD COMPLEMENTARIA

6. La información que suministran los distintos organismos públicos, relacionada con la igualdad en nuestro país, puede ayudar en la definición del tipo de indicador de medición según áreas concretas donde se identifican desigualdades de género.

   Busca información estadística sobre la brecha salarial para crear un indicador sobre esta desigualdad empresarial.

2.2. Definición de objetivos

En la elaboración de un plan de igualdad, la definición de objetivos es un pilar fundamental para guiar todas las acciones que se van a implementar. Los objetivos SMART son un enfoque estructurado y práctico que permite que las metas sean específicas *(specific)*, medibles *(measurable)*, alcanzables *(achievable)*, relevantes *(relevant)* y temporales *(time-bound)*.

A continuación, se muestran cada uno de estos requisitos y su importancia en el contexto de los planes de igualdad de género:

- **Específicos.** Los objetivos específicos detallan con claridad lo que deseamos lograr, eliminando ambigüedades que puedan entorpecer su interpretación o ejecución. En el ámbito de los planes de igualdad, ser específico significa señalar con exactitud qué aspecto particular del entorno de trabajo —o de la cultura general de la institución— se quiere modificar o mejorar.
  Por ejemplo, un objetivo específico puede ser "incrementar en un 50 % la representación de mujeres en roles de liderazgo en los próximos cinco años". Este nivel de detalle asegura que todos los involucrados comprendan cuál es el cambio deseado y cómo será medido.
- **Medibles.** La medición es clave para la evaluación exitosa de los objetivos. Un objetivo medible incluye criterios concretos que permiten verificar su cumplimiento. En el contexto de un plan de igualdad, donde a menudo es difícil cuantificar el éxito de iniciativas cualitativas, contar con indicadores claros es crucial.
  Siguiendo con el ejemplo anterior, para que un objetivo sea medible, se pueden establecer indicadores específicos, tales como la cantidad de capacitaciones realizadas para mujeres en puestos de liderazgo, el porcentaje de mujeres que participen en dichas capacitaciones o el aumento en el número de solicitudes para puestos de liderazgo por parte de mujeres tras las capacitaciones.
- **Alcanzables.** Los objetivos alcanzables motivan a los equipos a establecer metas realistas y realizables dentro de las capacidades y los recursos de la organización. Para garantizar que un objetivo sea alcanzable en un plan de igualdad, se debe considerar la situación actual de la organización, incluyendo su cultura, sus recursos y su compromiso con las iniciativas de igualdad de género.
  El ejemplo de reclutamiento de personal femenino para ocupar cargos de liderazgo puede ser uno de esos objetivos alcanzables. Sin embargo, hacer un análisis exhaustivo del entorno organizacional y la disposición de los líderes para facilitar estos cambios ayuda a fundamentar este tipo de metas y evitar proyecciones que no sean factibles.
- **Relevantes.** Los objetivos de un plan de igualdad deben alinearse con las metas generales de la organización y ser relevantes para lograr cambios significativos. La relevancia se mide considerando el impacto que tiene el objetivo en la organización.
  Por ejemplo, un objetivo relevante puede ser la creación de un comité de diversidad que no solo trabaje en iniciativas de igualdad de género, sino también en otras áreas de diversidad. Para asegurar la relevancia, es esencial que los objetivos reflejen las necesidades de todas las partes interesadas.
- **Temporales.** Un objetivo temporal tiene un período de tiempo claro durante el cual debe alcanzarse, lo que ayuda a mantener el enfoque y evitar la procrastinación. Establecer plazos concretos para alcanzar los

objetivos, como realizar una evaluación anual de progreso, permite evaluar qué medidas funcionan y cuáles necesitan ajustes.
Por ejemplo, si el objetivo es aumentar en un 20 % la representación femenina en posiciones de liderazgo, especificar un plazo de cuatro años con revisiones semestrales asegura una ejecución constante y la posibilidad de realizar correcciones a tiempo.

CONSEJO

En la implementación efectiva de estos objetivos se aconseja la realización de un seguimiento continuo y la comunicación abierta entre todos los niveles de la organización.

APLICACIÓN PRÁCTICA

Una organización con una plantilla significativa ha decidido implementar un nuevo plan de igualdad. A través de la metodología SMART, establece el siguiente objetivo: "Aumentar el número de mujeres en puestos de liderazgo del 20 al 40 % en los próximos cinco años mediante un programa específico de desarrollo". ¿Qué requisitos cumple el objetivo?

Solución

El objetivo definido por la organización cumple con todos los requisitos necesarios. Es específico porque incrementar el número de mujeres en posiciones de liderazgo indica claramente cuál es el resultado deseado. Es medible porque incrementar del 20 al 40 % proporciona un parámetro concreto para medir el progreso. Es alcanzable, ya que al considerar la actual presencia femenina del 20 %, duplicar este número en un plazo de cinco años es alcanzable dependiendo de los recursos disponibles y las acciones planificadas. Es relevante porque reconoce que la diversidad de liderazgo mejora la toma de decisiones y la innovación hace que este objetivo sea crucial para la misión y los valores de la organización. Y es temporal, ya que, al establecer un período de cinco años con evaluaciones anuales de progreso, proporciona un marco de tiempo que estructura la implementación del plan.

2.3. Creación de estrategias para alcanzar objetivos

La creación de estrategias para alcanzar objetivos es una etapa fundamental en la implementación de un plan de igualdad. Este proceso implica la creación de acciones específicas para lograr los objetivos SMART, previamente definidos y que guiarán las iniciativas hacia la consecución de una mayor igualdad de género en el entorno laboral. Para **crear estrategias efectivas** se atiende a los siguientes **componentes clave** para conseguir que las acciones emprendidas sean significativas y sostenibles:

Análisis situacional

- Para comprender el contexto y el entorno hay que evaluar las barreras actuales que perpetúan la desigualdad de género, como culturas organizacionales sesgadas, políticas inadecuadas o estereotipos de género arraigados. Un análisis DAFO específico del contexto de igualdad de género puede ser una útil herramienta para esta etapa.

Participación de las partes interesadas

- Esto significa involucrar tanto a quienes se verán directamente afectados por las estrategias como a quienes las implementarán. Impulsar el compromiso y la colaboración desde diferentes niveles jerárquicos y divisiones asegura varios enfoques y un respaldo integral.

Definición de recursos y capacidades

- Antes de diseñar una estrategia, se debe tener una clara comprensión de los recursos y las capacidades disponibles, y cómo estos pueden desarrollarse o reforzarse. Esto incluye tanto recursos humanos como financieros, junto con una evaluación de las capacidades técnicas y logísticas necesarias para implementar las acciones planificadas.

Innovación y adaptabilidad

- Las estrategias deben ser innovadoras y adaptables a cambios en el entorno o incidentes imprevistos. La incorporación de la tecnología y el uso de métodos disruptivos pueden ofrecer nuevas oportunidades para superar barreras de género sistémicas.

Medición y evaluación

- Establecer métodos de evaluación claros para medir el progreso de las estrategias es importante. Estos métodos deben alinearse con los objetivos SMART definidos previamente y pueden incluir tanto mediciones cuantitativas como cualitativas, tales como encuestas, entrevistas y análisis de datos.

En la **implementación de las estrategias** se ha de poner el foco en:

La asignación de responsabilidades
- Cada estrategia debe tener un responsable claro que coordine su ejecución y siga el progreso. Tener un equipo comprometido y responsable puede mejorar sustancialmente la eficacia en la implementación.

La planificación de la comunicación
- Diseñar una estrategia de comunicación efectiva que mantenga informados a todos los interesados e involucrados en las estrategias. La comunicación debe ser transparente y regular para fomentar la confianza y la participación continua.

La perseverancia y constancia
- La implementación de estrategias puede encontrarse con resistencia o desafíos imprevistos. La perseverancia y el compromiso de todos los involucrados son necesarios para mantenerse enfocados en los objetivos principales, especialmente cuando se enfrentan dificultades.

Estrategias de sensibilización

La sensibilización es un aspecto clave en la promoción de la igualdad de género. Su propósito central es desafiar y transformar las percepciones, las actitudes y los comportamientos que sustentan las desigualdades de género. A menudo, estas desigualdades se encuentran profundamente arraigadas en las estructuras sociales, culturales y económicas, y abordarlas requiere estrategias bien planificadas. Los **elementos esenciales** que constituyen las estrategias de sensibilización efectivas son:

Importancia de la sensibilización en género

- En el contexto de los planes de igualdad, la sensibilización juega un papel fundamental al crear conciencia sobre los problemas de género y alentar a la sociedad a reflexionar sobre sus creencias y prácticas. Las estrategias de sensibilización no solo educan, sino que también inspiran cambios en las actitudes y los comportamientos. Su objetivo es desarrollar un sentido crítico frente a las desigualdades de género, propiciando un entorno más inclusivo y equitativo para todas las personas.

Identificación del público objetivo

- Para que las estrategias de sensibilización sean efectivas, se debe identificar y comprender el público objetivo, que puede incluir tanto a los empleados de la organización como a los directivos. Cada grupo tiene sus propios valores, experiencias y niveles de conocimiento respecto a la igualdad de género. Adaptar las estrategias a las características y necesidades específicas de cada grupo implicará una mayor receptividad y participación.

SABÍAS QUE...

A pesar de su importancia, las estrategias de sensibilización enfrentan numerosos desafíos, que incluyen resistencia al cambio por parte de instituciones e individuos, limitación en la disponibilidad de recursos financieros y humanos, y contextos culturales y socioeconómicos variables que no permiten la aplicación de enfoques con independencia de estos.

Otro de los elementos esenciales en las estrategias de sensibilización son las **metodologías que utilizar.** Algunas de ellas pueden ser:

- **Talleres y seminarios interactivos** en los que, a través de la participación directa, se comparten experiencias y se reflexiona sobre la influencia del género en la vida diaria.
- **Campañas de comunicación** realizadas por medio de redes sociales, vídeos, carteles, etc., que permiten ampliar el alcance de los mensajes de sensibilización a todas las personas.

Continúa en página siguiente >>

<< Viene de página anterior

- **Educación formal,** incorporando la igualdad de género en currículos escolares y programas educativos; y los programas de **educación informal** que pueden llegar a grupos más amplios y diversos.
- **Acciones culturales** como el teatro y las artes visuales ofrecen una forma de generar empatía y comprensión hacia las experiencias de desigualdad de género.
- **Capacitación en diversidad e inclusión** dentro de las empresas, que puede integrar enfoques de género haciendo hincapié en la importancia de un entorno laboral respetuoso y equitativo.

VÍDEO

Existen multitud de campañas de comunicación alrededor de la sensibilización en igualdad. Accede a este enlace para visualizar un vídeo sobre la brecha de género:

https://redirectoronline.com/ctri00090602

NOTA

La implementación de estrategias de sensibilización requiere una planificación cuidadosa, recursos adecuados y la atención en aspectos como el diseño del mensaje, la capacidad de los responsables de las acciones, los sistemas de evaluación y el *feedback* de los participantes, y la colaboración institucional y social.

Estrategias de formación

La formación en género y en igualdad de oportunidades es un pilar clave para el éxito de cualquier plan de igualdad. A diferencia de las estrategias de sensibilización, que buscan concienciar a las personas sobre la importancia de la igualdad de género, las estrategias de formación **se centran en dotar de herramientas concretas y habilidades a los individuos** para que puedan llevar a cabo acciones que promuevan un entorno más equitativo.

En el diseño de **estrategias de formación efectivas** están implicados los siguientes aspectos:

- **Identificación de las necesidades de formación.** El diagnóstico de las necesidades de formación debe considerar la diversidad de roles y niveles jerárquicos dentro de la organización, así como las diferencias culturales y de género que puedan existir. A través de encuestas, entrevistas y grupos de discusión, se identifican las áreas de conocimiento y las habilidades que necesitan ser desarrolladas. Por ejemplo, en una empresa de tecnología, puede haber una necesidad específica de formación en cómo evitar sesgos de género en el proceso de contratación y promoción.
- **Diseño del programa formativo.** En el diseño se debe considerar tanto el contenido como el método de impartición. El contenido debe ser relevante, actualizado y alineado con los objetivos del plan de igualdad, incluyendo temas como la legislación en materia de igualdad de género, técnicas de comunicación inclusiva y gestión de conflictos desde una perspectiva de género. Es importante que el método de formación sea interactivo y participativo (estudios de caso, talleres experienciales, plataformas digitales interactivas, etc.).
- **Elección de las modalidades de formación.** Esta elección se realiza según los recursos disponibles y el perfil de los participantes. La ventaja de la modalidad presencial es el contacto directo y la posibilidad de dinámicas grupales más fluidas, mientras que la modalidad teleformación permite un acceso más flexible y puede llegar a un mayor número de participantes. Se recomienda la combinación de ambas para maximizar los beneficios; así, los programas de *e-learning* se pueden complementar con sesiones presenciales o encuentros de discusión y aclaración de dudas.
- **Definición de acciones formativas a medida para diferentes grupos.** No todas las personas dentro de una organización tienen el mismo nivel de conocimiento sobre temas de igualdad de género y, por ello, es esencial adaptar los programas de formación a los diferentes públicos. Para el personal de Recursos Humanos, puede ser relevante realizar talleres sobre cómo llevar a cabo procesos de selección equitativos; y para el

equipo de liderazgo, en cambio, podría ser más útil una formación en liderazgo inclusivo y cómo integrar la perspectiva de género en la toma de decisiones estratégicas.

- **Integración de la formación continua.** La formación en género no debe considerarse como un evento aislado, sino como un proceso continuo integrado en la organización. Una estrategia efectiva es la creación de un calendario de formación continua que incluya sesiones de reciclaje y actualización periódicas. Además, se pueden establecer comunidades de práctica donde los empleados puedan compartir sus experiencias y aprendizajes, promoviendo así una cultura de aprendizaje constante en torno a la igualdad de género.
- **Evaluación del impacto de la formación.** El establecimiento de mecanismos de evaluación para medir el impacto de las estrategias no solo implica medir si se han alcanzado los objetivos de aprendizaje, sino también evaluar cambios en actitudes y comportamientos en la organización. Las encuestas posformación, las entrevistas cualitativas y el seguimiento a largo plazo son herramientas valiosas para identificar el éxito de los programas y las áreas de mejora. Un ejemplo de éxito podría ser un incremento en la percepción de equidad por parte de los empleados.

SABÍAS QUE...

Las estrategias de formación en igualdad son esenciales no solo para cumplir con los objetivos declarados en los programas de igualdad, sino también para transformar la cultura organizacional.

TAREA 6

En una organización se ha detectado que en los últimos años ha disminuido en un 10 % el número de trabajadoras en las líneas de producción. Se sabe que tanto trabajadoras como trabajadores han presentado igual cantidad de solicitudes a este departamento. Teniendo en cuenta este indicador, ¿qué objetivo se debería alcanzar con la implantación del plan de igualdad? ¿Qué estrategias se podrían implantar para conseguirlo?

3. Resumen

Desarrollar un programa integral para la implementación de un plan de igualdad es un desafío que exige un enfoque sistemático y multidimensional. En la actualidad, la igualdad de género es un pilar esencial en las organizaciones que buscan no solo cumplir con los marcos legales, sino también promover una cultura inclusiva y equitativa.

Uno de los elementos fundamentales es la **definición de indicadores de medición y objetivos claros** que alimenten la aplicación del plan de igualdad. En esta tarea, es vital establecer indicadores medibles y objetivos específicos que demuestren de manera tangible el impacto y el progreso de las iniciativas implementadas. A través de un análisis exhaustivo, aprenderemos a definir **objetivos SMART** que permiten una evaluación más precisa y efectiva.

Para alcanzar estos objetivos, la **creación de estrategias** bien definidas es indispensable el diseño de estrategias no solo generales, sino dirigidas a aspectos concretos en materia de igualdad de género. Estas estrategias son el motor que impulsará la transformación cultural necesaria para abrazar la diversidad y fomentar un entorno de trabajo inclusivo. Estas son:

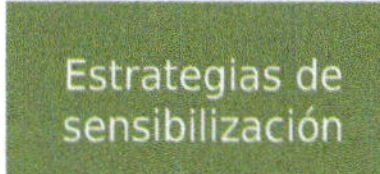

Estrategias de formación

Ejercicios de autoevaluación Unidad de Aprendizaje 6

1. Para que la definición de los indicadores de medición del plan de igualdad sea eficaz, ¿qué pasos se deben dar?

a. Identificar las áreas clave.
b. Definir indicadores específicos.
c. Establecer objetivos
d. Todas las opciones son correctas.

2. Los indicadores que incluyen factores externos que pueden influir en el éxito del plan de igualdad son del tipo...

a. ... cuantitativo.
b. ... cualitativo.
c. ... contextual.
d. ... de impacto.

3. ¿Qué son los indicadores de igualdad salarial?

a. Los que miden la proporción de mujeres y hombres en distintos niveles de la organización.
b. Los que evalúan la brecha salarial de género dentro de la organización.
c. Los que miden el acceso equitativo a beneficios laborales que facilitan la conciliación.
d. Los que cuantifican la representación de mujeres en posiciones de liderazgo y toma de decisiones organizacionales.

4. ¿Qué enfoques se deben considerar en el desarrollo de los indicadores para un plan de igualdad?

a. Integrador
b. Rígido
c. Uniforme
d. Multidimensional

5. **Indica si la siguiente afirmación es verdadera o falsa: "Los objetivos del plan de igualdad se deben definir sin alinearse con las metas generales de la organización".**

   - Verdadero
   - Falso

6. **¿Cuáles son los requisitos que han de cumplir los objetivos del plan de igualdad?**

   a. Ser relevantes.
   b. Poder medirse.
   c. Estar establecidos en plazos concretos.
   d. Ser definidos de forma general.

7. **Determina si la siguiente afirmación es verdadera o falsa: "En la creación de estrategias, el análisis DAFO es una herramienta adecuada para el análisis situacional".**

   - Verdadero
   - Falso

8. **Indica si la siguiente afirmación es verdadera o falsa: "Los desafíos a los que se enfrentan las estrategias de sensibilización son, entre otros, los contextos socioeconómicos variables que no permiten la aplicación de enfoques sin estar alineados con ellos".**

   - Verdadero
   - Falso

9. **Indica si la siguiente afirmación es verdadera o falsa: "Las estrategias de sensibilización dotan de herramientas a los individuos para realizar acciones que promuevan un entorno equitativo, mientras que las estrategias de formación buscan concienciar a las personas sobre la importancia de la igualdad de género".**

   - Verdadero
   - Falso

10. ¿Cuál de los siguientes aspectos no forma parte de una estrategia efectiva de formación?

a. Identificación de las necesidades de formación.
b. Elección de las modalidades de formación.
c. Definición de acciones formativas individuales.
d. Evaluación del impacto de la formación.

Unidad de aprendizaje 7

Conocimiento de la normativa en implantación de planes de igualdad en el entorno laboral

Contenido

1. Introducción
2. Estudio de la Ley Orgánica de Igualdad (LOIEMH)
3. Resumen

Objetivos

El objetivo general de esta Unidad de Aprendizaje es:

- Conocer las bases legales del ordenamiento jurídico español en materia de planes de igualdad.

Los objetivos específicos de esta Unidad de Aprendizaje son:

- Interpretar la Ley Orgánica 3/2007, de 22 de marzo, para la Igualdad Efectiva de Mujeres y Hombres, y demás normativa relacionada con este ámbito.

- Definir el marco legal relacionado con la igualdad de género en el trabajo.

1. Introducción

En la actualidad, las organizaciones están llamadas a jugar un papel crucial en la promoción de la igualdad de género. La lucha por la igualdad no es únicamente una cuestión social y moral, sino que también constituye un elemento fundamental para el progreso económico y el desarrollo sostenible. La diversidad y la equidad de género en el entorno laboral han demostrado ser factores clave que potencian la innovación, mejoran el rendimiento de los empleados y fortalecen la competitividad global. Por ello, es imprescindible que las empresas no solo se comprometan formalmente con la igualdad de género, sino que implementen de manera efectiva planes de igualdad integralmente concebidos y alineados con el marco normativo vigente.

La Ley Orgánica de Igualdad (LOIEMH) se erige como una de las principales herramientas legislativas en el marco de la legislación nacional, formulada para garantizar la igualdad de trato y oportunidades entre mujeres y hombres en todas sus vertientes dentro del ámbito laboral. A través del estudio detallado de sus artículos y de otras normativas relacionadas, las empresas obtienen una guía precisa sobre las prácticas que deben implementar para lograr una equidad real y efectiva. Comprender y aplicar correctamente el marco normativo en torno a los planes de igualdad no solo previene sanciones legales, sino que además aporta un valor añadido que repercute en la imagen corporativa y la satisfacción del cliente.

Las bases necesarias para entender, desde una perspectiva integral, por qué y cómo las políticas de igualdad deben ser incorporadas como piedra angular del éxito empresarial en la actualidad van a ser desarrolladas por Ángela a través del módulo sobre el marco legal aplicable. Así, el equipo de la empresa WorldPrint conocerá las bases legales que sustentan los planes de igualdad en nuestro país.

2. Estudio de la Ley Orgánica de Igualdad (LOIEMH)

HILO CONDUCTOR

Para finalizar la formación teórica sobre los planes de igualdad, Ángela va a explicar a su alumnado los principales puntos que se desarrollan en la normativa

Continúa en página siguiente >>

<< Viene de página anterior

por excelencia: la Ley Orgánica 3/2007. Completa esta formación con otras normas legales relacionadas con este ámbito.

2.1. Introducción a la Ley Orgánica 3/2007

La Ley Orgánica de Igualdad, promulgada en España el 22 de marzo de 2007, representa un pilar fundamental en el compromiso del marco legal español para la promoción de la igualdad de género. El análisis de los elementos clave de la Ley Orgánica 3/2007 es importante para conocer su impacto en el entorno laboral, y cómo se integra en la implantación de planes de igualdad en el ámbito privado y público.

Desde su implantación, la **Ley Orgánica 3/2007, para la Igualdad Efectiva de Mujeres y Hombres (LOIEMH)** se ha centrado en eliminar las barreras de discriminación y promover una representación equitativa de género.

La normativa de igualdad busca un enfoque integral en la erradicación de las desigualdades basadas en el género.

La Ley Orgánica 3/2007, de 22 de marzo, fue el resultado de la transposición al ordenamiento jurídico español de estas dos directivas europeas:

Directiva 2002/73/CE, de reforma de la Directiva 76/207/CEE, relativa a la aplicación del principio de igualdad de trato entre hombres y mujeres en lo que se refiere al acceso al empleo, a la formación y a la promoción profesionales, y a las condiciones de trabajo

Directiva 2004/113/CE, sobre aplicación del principio de igualdad de trato entre hombres y mujeres en el acceso a bienes y servicios y su suministro

IMPORTANTE

La Directiva 2002/73/CE fue derogada posteriormente por la *Directiva 2006/54/CE del Parlamento Europeo y del Consejo, de 5 de julio de 2006, relativa a la aplicación del principio de igualdad de oportunidades e igualdad de trato entre hombres y mujeres en asuntos de empleo y ocupación (refundición).*

El **objetivo** de esta ley es garantizar el derecho a la igualdad de trato y oportunidades entre mujeres y hombres, e impulsar aquellas actuaciones que corrijan desigualdades de hecho que puedan persistir. Los **principios rectores** de la LOIEMH son:

- Promulgación de los principios de actuación de la Administración pública.
- Regulación de los derechos y deberes de las personas físicas y jurídicas.
- Previsión de las medidas para eliminar y corregir todas las formas de discriminación por razón de sexo.

IMPORTANTE

La LOIEMH establece también un marco normativo que compromete a las Administraciones públicas a integrar activamente el principio de igualdad de trato en toda su actividad, así como a garantizar el respeto de dicho principio en el sector privado.

La ley subraya la relevancia de la igualdad en el empleo como campo de intervención prioritario, recogiendo la **obligatoriedad de la implementación de planes de igualdad en aquellas empresas con más de 50 personas trabajadoras,** diseñados para detectar, corregir y eliminar posibles situaciones de discriminación. Se introducen varias medidas específicas destinadas a alcanzar la igualdad de trato y oportunidades entre mujeres y hombres, así como a erradicar la discriminación por razón de sexo.

Los planes de igualdad deben incluir un **conjunto de medidas evaluables** que aborden aspectos laborales concretos y que han de ir en consonancia con el resultado del diagnóstico previo, cuyo contenido mínimo incluye materias como:

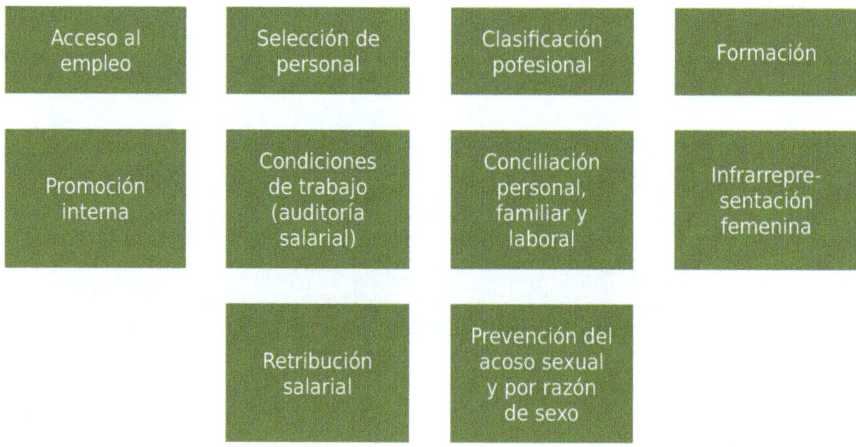

La LOIEMH establece que cualquier política pública debe ser analizada y evaluada desde una perspectiva de género a efectos de garantizar que las acciones gubernamentales no perpetúen discriminaciones ni desigualdades. Esto implica la inclusión de informes de impacto de género en los planes y programas de políticas públicas, de manera que se pueda medir el efecto diferencial que estas acciones tienen sobre mujeres y hombres. Esta ley se estructura en torno a varios ejes principales que abarcan el ámbito laboral y otros como:

- **Educación.** La norma subraya la importancia de garantizar una educación en igualdad, promoviendo una cultura de respeto que elimine estereotipos sexistas desde las primeras etapas de la vida escolar. Esto incluye la introducción de contenidos específicos sobre igualdad de género en los currículos y en todas las etapas del sistema educativo, y la formación continua del profesorado en temas de igualdad. Además, la ley impulsa campañas de sensibilización para educar en igualdad y prevenir cualquier forma de violencia de género.
- **Cultura.** La ley recoge el compromiso que debe tener la autoridad pública competente de velar por la aplicación efectiva del principio de igualdad de trato y de oportunidades entre mujeres y hombres, en lo que respecta a la creación artística e intelectual y a su difusión. Como ejemplos de actuaciones que desarrollar por la autoridad pública en este ámbito están la concesión de ayudas económicas a la producción artística e intelectual de autoras femeninas o la promoción de la presencia equilibrada de mujeres y hombres en la oferta cultural.
- **Salud.** Los programas de salud han de incluir tanto las necesidades de las mujeres como las de los hombres, y las medidas adecuadas para aplicarlos. La integración del principio de igualdad de trato y oportunidades en los objetivos y las actuaciones de la política de salud persigue eliminar las discriminaciones producidas por las diferencias biológicas o los estereotipos sociales. Los servicios de salud han de desarrollar actuaciones relacionadas con la educación sanitaria, la salud laboral, el acoso sexual y por razón de sexo, o el tratamiento desagregado por sexos.
- **Sociedad de la información.** En el diseño y en la ejecución de los programas de desarrollo de la sociedad de la información se ha de incorporar el principio de igualdad. Los órganos gubernamentales han de desarrollar los programas sobre el acceso y la formación en tecnologías de la información y de las comunicaciones incluyendo a las mujeres, con especial interés en colectivos en riesgo de exclusión y del ámbito rural. Además, deben promover contenidos creados por mujeres y, en los proyectos que hayan sido subvencionados con dinero público, se ha de garantizar la ausencia de lenguaje y contenido sexista.

PARA SABER MÁS

La LOIEMH promueve la presencia equilibrada de mujeres y hombres en los cargos de representación política, en la Administración pública y dentro del sector público empresarial. Esto supone la implementación de medidas que fomenten la paridad en las listas electorales, la composición de los órganos directivos y consultivos, y la presencia de mujeres en todos los niveles de toma de decisiones. Accede al enlace para conocer la normativa que lo regula:

https://redirectoronline.com/ctri00090701

ACTIVIDAD COMPLEMENTARIA

7. En la Ley Orgánica 3/2007 se establece que "El principio de igualdad de trato entre mujeres y hombres supone la ausencia de toda discriminación, directa o indirecta, por razón de sexo, [...]". ¿Sabrías diferenciar ambos tipos de discriminación?

2.2. Impacto de la Ley Orgánica 3/2007 en la empresa

El compromiso con la igualdad, plasmado en esta ley, es la base sobre la que se asienta el desarrollo de planes de igualdad que buscan avanzar hacia un ambiente de trabajo justo y equitativo. Estos no solo son necesarios desde el punto de vista legal, sino que tienen un impacto positivo comprobado en el clima laboral y la productividad, haciendo de la igualdad de género un objetivo común que beneficia a toda la sociedad.

Sin embargo, su implementación aún enfrenta diversos desafíos, desde la resistencia de ciertos sectores hasta la insuficiente asignación de recursos para la ejecución de las medidas que establece. La supervisión efectiva y la evaluación de los resultados son esenciales para medir el impacto real de la ley y guiar mejoras futuras. Entre las **críticas** recurrentes destacan:

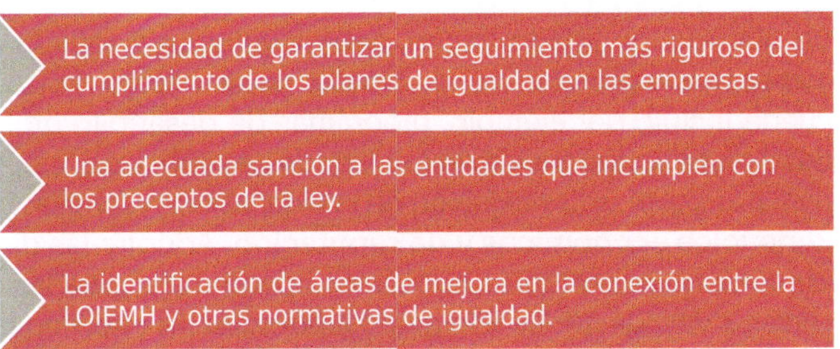

La implementación de la LOIEMH en las empresas no es simplemente una cuestión de cumplimiento normativo, sino una oportunidad estratégica para transformar las organizaciones y aprovechar las ventajas competitivas que se derivan de la diversidad y la inclusión. Las **características del impacto** de la Ley Orgánica en las empresas son:

- **Transformación de la cultura organizacional.** Uno de los impactos más profundos de la LOIEMH en las empresas es la necesidad de transformar la cultura organizacional. Las empresas deben reevaluar y ajustar sus valores, normas y comportamientos para alinearse con los principios de igualdad de género. Esta transformación implica el establecimiento de políticas y prácticas que fomenten la diversidad y la inclusión, así como la promoción de un liderazgo comprometido con la equidad de género. Esta transformación también debe abarcar la identificación de sesgos inconscientes que influyan en la toma de decisiones diarias (procesos de selección, promoción y asignación de tareas).
- **Reformulación de procesos y prácticas empresariales.** La implementación de la ley también exige a las empresas realizar la revisión y la reformulación de sus procesos y prácticas de gestión. Esto incluye la adopción de un enfoque más justo en la contratación, formación, promoción y remuneración.

  Por ejemplo, los procesos de selección deben ser transparentes y basarse en criterios objetivos, evitando cualquier tipo de discriminación por razón de género; o los sistemas de remuneración deben garantizar que no existen brechas salariales entre hombres y mujeres que realicen trabajos de igual valor, implementando escalas salariales equitativas.

- **Implementación del plan de igualdad.** La LOIEMH obliga a las empresas a elaborar e implementar planes de igualdad, que son esenciales no solo para cumplir con la normativa, sino también para promover un ambiente laboral más inclusivo. Estos planes deben ser confeccionados tras un diagnóstico de la situación de la empresa en materia de igualdad y deben incluir medidas específicas y cuantificables para corregir desequilibrios de género.
  Un plan de igualdad efectivo debe involucrar a toda la organización, comenzando por el compromiso y la participación de la alta dirección. Puede incluir, por ejemplo, programas de desarrollo profesional dirigidos a mujeres, formación en habilidades de liderazgo, así como medidas para promover la conciliación de la vida laboral y familiar de la plantilla.
- **Beneficios económicos y de reputación.** Adoptar las directrices de la ley conlleva importantes beneficios económicos para las empresas. Diversas investigaciones han demostrado que las implicadas con la igualdad de género destacan por su innovación, competitividad y capacidad de adaptación a entornos cambiantes. La diversidad de género optimiza la detección de oportunidades de negocio y mejora la creatividad dentro de las organizaciones.
  También está el aspecto reputacional. Las empresas líderes en igualdad de género atraen talento de alto nivel femenino y masculino, y disfrutan de un mayor nivel de satisfacción y retención de sus empleados. A nivel externo, se convierten en socias preferidas para proveedores, clientes e inversores que valoran la responsabilidad social corporativa.
- **Gestión del cambio.** Implementar las directrices de la LOIEMH puede ser un proceso desafiante que implica gestionar el cambio dentro de la organización. Los empleados pueden mostrar resistencia si perciben estos cambios como amenazantes o si no comprenden plenamente su utilidad.
  Para gestionar este cambio de manera efectiva, las empresas deben comunicar clara y abiertamente los beneficios de abrazar la igualdad, involucrando a todos los niveles de empleabilidad y enfocándose en la creación de un entorno de respeto mutuo. El liderazgo debe actuar como modelo que seguir, promoviendo y valorando activamente la equidad en todos los frentes de la empresa.

Para que la legislación cumpla su propósito de transformar el entorno laboral en espacios más igualitarios para todas las personas, es conveniente reconocer y

Continúa en página siguiente >>

<< Viene de página anterior

superar desafíos como la resistencia empresarial al cambio cultural, y la falta de recursos o de formación en igualdad.

Para conocer de una forma resumida los puntos clave de la Ley Orgánica 3/2007, accede al siguiente vídeo explicativo:

https://redirectoronline.com/ctri00090703

2.3. Análisis de otras normativas relacionadas con la igualdad de género

A lo largo de los últimos años, distintos marcos normativos han sido desarrollados a nivel nacional (y autonómico), europeo e internacional.

Desde que se aprobó el **Tratado de Ámsterdam** (1 de mayo de 1999) es prioritario en las políticas y las acciones de la Unión Europea y de sus miembros la integración de la igualdad entre mujeres y hombres, y la supresión de desigualdades entre ambos sexos. La **normativa europea** que se ha ido publicando a lo largo de los años en relación con esta materia incluye, entre otras normas, las siguientes:

Directiva (UE) 2023/970, del Parlamento Europeo y del Consejo, de 10 de mayo de 2023, por la que se refuerza la aplicación del principio de igualdad de retribución entre hombres y mujeres por un mismo trabajo o un trabajo de igual valor, a través de medidas de transparencia retributiva y de mecanismos para su cumplimiento.

Directiva (UE) 2022/2381, del Parlamento Europeo y del Consejo de 23 de noviembre de 2022, relativa a un mejor equilibrio de género entre los administradores de las sociedades cotizadas y a medidas conexas.

Directiva (UE) 2019/1158, del Parlamento Europeo y del Consejo, de 20 de junio de 2019, relativa a la conciliación de la vida familiar y profesional de los progenitores y los cuidadores.

Directiva (UE) 2019/1152, del Parlamento Europeo y del Consejo, de 20 de junio de 2019, relativas a unas condiciones laborales transparentes y previsibles en la Unión Europea.

Directiva 2006/54/CE, del Parlamento Europeo y del Consejo, de 5 de julio de 2006, relativa a la aplicación del principio de igualdad de oportunidades e igualdad de trato entre hombres y mujeres en asuntos de empleo y ocupación (refundición).

La **normativa internacional** en esta materia juega un papel central al establecer estándares que guían a los países en la implementación de políticas de igualdad, especialmente en el ámbito laboral. Las principales convenciones, acuerdos y declaraciones internacionales que han sido diseñadas para promover y proteger los derechos de la mujer en el entorno laboral, garantizando así la equidad y la igualdad de oportunidades entre géneros, son, entre otras:

- **Convención sobre la Eliminación de Todas las Formas de Discriminación contra la Mujer (CEDAW).** La CEDAW, adoptada por la Asamblea General de las Naciones Unidas en 1979, se considera la carta internacional de derechos para las mujeres. Esta obliga a los Estados miembros a introducir la paridad de género en sus legislaciones, derribar las barreras en contra de las mujeres y establecer instituciones para garantizar el cumplimiento de estos objetivos. En el ámbito empresarial, la CEDAW influye en la creación de políticas internas que promuevan la igualdad de oportunidades para mujeres y hombres.

- **Convenios de la OIT sobre igualdad de remuneración y discriminación en el empleo.** El Convenio 100 sobre igualdad de remuneración establece el principio de igual remuneración por trabajo de igual valor y busca eliminar las diferencias salariales entre hombres y mujeres basadas en sesgos de género. Es fundamental la implementación de planes de igualdad que incluyan este principio. El Convenio 111 sobre la discriminación en el empleo y ocupación promueve la eliminación de la discriminación basada en género, entre otros aspectos. En cuanto a los planes de igualdad, las empresas tienen que revisar sus procesos de contratación laboral, garantizando que las prácticas discriminatorias no formen parte de su estructura operativa.
- **Declaración de Beijing y Plataforma para la Acción (1995).** La Cuarta Conferencia Mundial sobre la Mujer, celebrada en Pekín, tuvo un impacto profundo al establecer un programa de acción global para la igualdad de género. La declaración y la plataforma de acción resultantes identificaron áreas críticas de preocupación, incluidas aquellas relacionadas con el trabajo. A partir de este documento, los Estados se comprometieron a implementar políticas para promover la igualdad laboral a través de la eliminación de las barreras que enfrentan las mujeres para acceder a oportunidades económicas.
- **ODS 5 y 8 de la Agenda 2030 para el Desarrollo Sostenible.** En 2015, las Naciones Unidas adoptaron los Objetivos de Desarrollo Sostenible (ODS), dentro de los cuales el ODS 5 busca lograr la igualdad de género y empoderar a todas las mujeres y niñas. Este objetivo reconoce la importancia de la igualdad en el trabajo como una herramienta de desarrollo sostenible e integral. El ODS 8 también es relevante, ya que promueve el trabajo decente para todos, haciendo un llamamiento a eliminar la discriminación laboral.

A pesar de la existencia de este entramado legal, la implementación de la normativa internacional presenta retos como la brecha entre la legislación y su aplicación práctica en países que aún tienen dificultades para asumir estos compromisos, o las normas culturales y sociales profundamente arraigadas que obstaculizan el progreso hacia la igualdad laboral.

SABÍAS QUE...

Cada vez son más las empresas multinacionales que están sujetas a leyes y estándares internacionales, liderando el camino en la adopción de políticas de igualdad que pueden mejorar el balance entre géneros en el empleo global.

La **legislación española** vigente que influencia el entorno laboral en España respecto a la igualdad de género y que está alineada con la Ley Orgánica 3/2007, incluye normas tales como:

- Ley Orgánica 2/2024, de 1 de agosto, de representación paritaria y presencia equilibrada de mujeres y hombres.
- Real Decreto 902/2020, de 13 de octubre, de Igualdad Retributiva entre Mujeres y Hombres.
- Real Decreto 901/2020, de 13 de octubre, por el que se regulan los Planes de Igualdad y su Registro.
- Real Decreto Ley 6/2019, de 1 de marzo, de medidas urgentes para garantía de la igualdad de trato y de oportunidades entre mujeres y hombres en el empleo y la ocupación.
- Real Decreto Legislativo 2/2015, de 23 de octubre, por el que se aprueba el texto refundido de la Ley del Estatuto de los Trabajadores.

PARA SABER MÁS

En el conjunto de códigos electrónicos disponibles en el Boletín Oficial del Estado existe uno dedicado a la igualdad de género. Accede al enlace para estar al día de todas las normas legales vigentes en nuestro país relacionadas con la igualdad:

https://redirectoronline.com/ctri00090702

Con el creciente reconocimiento de la importancia de la igualdad de género y la implementación de planes de igualdad en el entorno laboral, cada comunidad autónoma en España ha desarrollado su propia normativa para abordar este tema tan significativo.

Mientras que las directrices internacionales y nacionales proporcionan un marco general, la **normativa autonómica** permite ajustar medidas más específicas que responden a las particularidades culturales, económicas y sociales de cada región. Cada comunidad autónoma tiene la facultad de legislar y desarrollar normativas que refuercen las leyes nacionales e internacionales.

EJEMPLO

Algunas normativas autonómicas relacionadas con la igualdad son:

- Ley 12/2007, de 26 de noviembre, para la Promoción de la Igualdad de Género en Andalucía.
- Ley 1/2010, de 26 de febrero, Canaria de Igualdad entre Mujeres y Hombres.
- Ley 7/2007, de 4 de abril, para la igualdad entre mujeres y hombres, y de protección contra la violencia de género en la Región de Murcia.
- Ley 7/2023, de 30 de noviembre, para la Igualdad Efectiva de Mujeres y Hombres de Galicia.
- Decreto Legislativo 1/2023, de 16 de marzo, por el que se aprueba el texto refundido de la Ley para la igualdad de mujeres y hombres y vidas libres de violencia machista contra las mujeres (País Vasco).

APLICACIÓN PRÁCTICA

Juana trabaja en el área de Recursos Humanos de una empresa murciana dedicada a la organización de eventos musicales. Está preparando el proceso de selección de una persona trabajadora para el departamento de logística-montaje y desde Dirección le han dado instrucciones específicas para que este proceso se realice bajo la perspectiva de género. Como mínimo, ¿qué normativas debe conocer Juana para que esta selección se realice en términos de igualdad?

Continúa en página siguiente >>

<< Viene de página anterior

Solución

Juana debe consultar a nivel nacional como mínimo la ley de igualdad por excelencia, Ley Orgánica 3/2007, de 22 de marzo, sobre la igualdad efectiva entre mujeres y hombres. En ella se incluyen normas, obligaciones y derechos sobre la igualdad en la empresa y en todos sus procesos. Como complemento, también puede consultar la normativa sobre igualdad de su comunidad autónoma (Región de Murcia) Ley 7/2007, de 4 de abril, para la igualdad entre mujeres y hombres, y de protección contra la violencia de género en la Región de Murcia.

2.4. Conocimiento de las obligaciones en materia de igualdad y las consecuencias de su incumplimiento

La normativa nacional, europea e internacional establece un conjunto de obligaciones específicas para las organizaciones que buscan implementar políticas de igualdad de género efectivas:

Ley Orgánica 3/2007	- Esta norma especifica que las empresas que deben implantar planes de igualdad tienen una serie de obligaciones. Incluyen la redacción y el registro del plan de igualdad, tras un proceso de negociación colectiva. Este plan debe ser revisado y aprobado por los representantes legales de las personas trabajadoras, asegurando un proceso inclusivo y participativo.
Directivas comunitarias	- En el contexto de la UE, las directivas juegan un papel importante, como la Directiva 2006/54/CE del Parlamento Europeo y del Consejo, que obliga a los Estados miembros a establecer requisitos que refuercen el compromiso hacia la igualdad. Las empresas que operan en estos países deben alinearse para asegurar que sus políticas y prácticas laborales estén en cumplimiento con las directrices tanto nacionales como europeas.

Continúa en página siguiente >>

<< Viene de página anterior

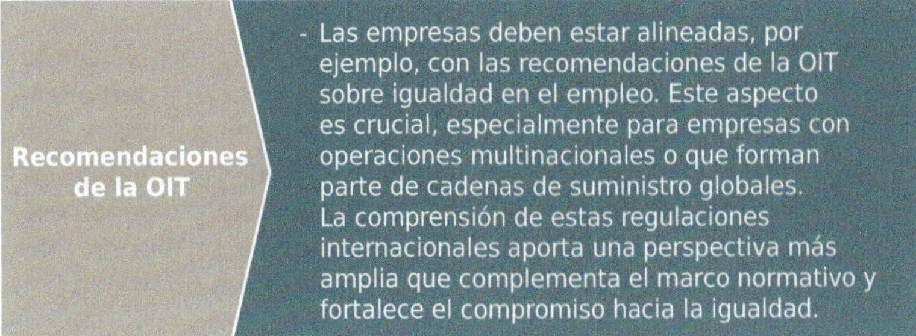

Recomendaciones de la OIT	- Las empresas deben estar alineadas, por ejemplo, con las recomendaciones de la OIT sobre igualdad en el empleo. Este aspecto es crucial, especialmente para empresas con operaciones multinacionales o que forman parte de cadenas de suministro globales. La comprensión de estas regulaciones internacionales aporta una perspectiva más amplia que complementa el marco normativo y fortalece el compromiso hacia la igualdad.

RECUERDA

Las organizaciones con más de cincuenta personas trabajadoras en plantilla están obligadas a implementar planes de igualdad.

En la implementación de planes de igualdad dentro del entorno laboral, tanto empleadores como personas trabajadoras tienen responsabilidades específicas que deben ser cumplidas para garantizar una verdadera equidad de género. Estas obligaciones son vitales no solo para el cumplimiento normativo, sino también para cultivar un ambiente laboral en igualdad:

- **Obligaciones de la empresa:**
  - Desarrollar políticas de igualdad claras con directrices sobre remuneración, oportunidades de acceso a puestos de trabajo y desarrollo profesional, y medidas contra la discriminación por razón de género. Deben ser comunicadas al personal, revisadas y ajustadas a los cambios normativos y las necesidades laborales.
  - Proveer de formación y sensibilización en temas de género a las personas trabajadoras e incorporar esta capacitación como parte del proceso de incorporación de nuevos empleados y empleadas.
  - Crear y mantener un entorno de trabajo seguro donde se promueva el respeto y no haya lugar para comportamientos discriminatorios o acoso sexual, implementando procedimientos de denuncia eficientes y manejo de situaciones de discriminación efectivas.
  - Establecer un sistema de seguimiento continuo que permita evaluar la efectividad de las estrategias de igualdad puestas en marcha, a través de auditorías internas, encuestas de clima laboral y análisis de datos de paridad de género en la empresa.

- **Obligaciones de las personas trabajadoras:**
  - Cumplir con las políticas de igualdad establecidas por la empresa. Esto incluye adherirse a códigos de conducta y participar en las formaciones y los talleres de sensibilización en género.
  - Contribuir activamente en la promoción de las políticas de igualdad. Esto implicaría dar *feedback* constructivo sobre dichas políticas, proponiendo mejoras en su implementación y, en algunos casos, liderar iniciativas que fomenten un mayor equilibrio de género.
  - Denunciar conductas contrarias a la igualdad de género, como el acoso o discriminación en el lugar de trabajo, y dar apoyo a quienes están enfrentando situaciones de desigualdad o discriminación.
  - El autoaprendizaje constante para comprender mejor la dinámica de género y su impacto en el lugar de trabajo. La búsqueda de información adicional y la reflexión sobre sus propias actitudes y comportamientos hacia el género pueden aumentar su capacidad para contribuir positivamente a la creación de un entorno laboral más equitativo.

La empresa en el cumplimiento de sus obligaciones puede realizar algunas de las siguientes acciones:

- En el desarrollo de las políticas de igualdad, una empresa puede configurar un comité de igualdad formado por miembros de diferentes departamentos y niveles jerárquicos, encargado de la supervisión y la continua evaluación de las políticas de igualdad.
- En la creación de un entorno seguro, un ejemplo práctico consistiría en la actividad de una línea directa o portal anónimo donde las personas trabajadoras pueden comunicar casos de discriminación sin miedo a represalias y garantizando su privacidad.
- Para proveer de formación, la empresa puede organizar talleres regulares, charlas informativas y sesiones de entrenamiento que promuevan una comprensión más profunda de las cuestiones de género y cómo afrontarlas de manera práctica en el día a día laboral.

De igual forma, las personas trabajadoras pueden cumplir sus obligaciones realizando acciones como estas:

Continúa en página siguiente >>

<< Viene de página anterior

- Para aplicar las políticas de igualdad en un entorno de trabajo colaborativo, las personas trabajadoras deben asegurarse de respetar los turnos de palabra en reuniones, dando la misma oportunidad a todos los géneros para expresar sus ideas.
- Un ejemplo de colaboración activa para promover las políticas de igualdad es cuando los empleados forman grupos de trabajo o comités de diversa índole para abordar aspectos específicos, como la conciliación entre el trabajo y la vida personal.

La implementación efectiva de planes de igualdad en el entorno laboral es una tarea que requiere del consentimiento y la colaboración conjunta de la empresa y las personas trabajadoras para fomentar una cultura organizacional que respete e integre plenamente el principio de igualdad de género.

El **incumplimiento** de estas obligaciones puede suponer **infracciones** de diversa índole. El sistema sancionador varía dependiendo del país y su normativa específica, y las consecuencias pueden incluir multas económicas, pérdidas de derechos de participación en programas de empleo o restricciones en determinados beneficios fiscales. En España, el *Real Decreto Legislativo 5/2000, de 4 de agosto, por el que se aprueba el texto refundido de la Ley sobre Infracciones y Sanciones en el Orden Social* establece en sus artículos 7.13 y 8.17 las infracciones graves y muy graves por incumplimiento de las obligaciones en materia de igualdad, y en su artículo 40.1, las sanciones correspondientes:

Infracción grave	Infracción muy grave
- Cuando no se cumplen las obligaciones que en materia de planes y medidas de igualdad establecen la Ley Orgánica 3/2007, de 22 de marzo, para la Igualdad Efectiva de Mujeres y Hombres, el Estatuto de los Trabajadores o el convenio colectivo que sea de aplicación (art. 7.13). - Su sanción económica asciende a: en grado mínimo, de 751 a 1.500 €; grado medio, de 1.501 a 3.750 €; y grado máximo, de 3.751 a 7.500 €.	- Consiste en no elaborar o no aplicar el plan de igualdad, o hacerlo incumpliendo manifiestamente los términos previstos, cuando la obligación de realizar dicho plan responda a lo establecido en el apartado 2 del artículo 46 bis de esta ley (art. 8.17). - Su sanción económica asciende a: grado mínimo, de 7.501 a 30.000 €; grado medio, de 30.001 a 120.005 €; y grado máximo, de 120.006 a 225.018 €.

IMPORTANTE

También se considera infracción muy grave, según el art. 8.12, las decisiones empresariales que supongan discriminaciones directas o indirectas por razón de sexo en materias como retribuciones, jornadas, formación, promoción, etc., y el trato desfavorable a las personas trabajadoras como represalia ante una reclamación interpuesta por incumplimiento del principio de igualdad de trato y no discriminación. A esta infracción le corresponde la sanción económica por ser muy grave, además de otra accesoria consistente en la pérdida de ayudas, bonificaciones y beneficios de los programas de empleo (art. 46.bis).

TAREA 7

La empresa Telares del Norte, S. L. U. ha recibido la denuncia de una trabajadora por un supuesto caso de discriminación salarial. Esta solicitó que se le incluyera en los complementos salariales de su nómina un plus de peligrosidad por los riesgos de su puesto de trabajo, como perciben sus compañeros hombres. No hubo respuesta por parte del Departamento de Recursos Humanos y la nómina sigue sin estar modificada. De manera informal, la trabajadora ha sabido que Gustavo, jefe de Recursos Humanos, ha comentado que "El plus de peligrosidad solo les corresponde a los hombres por su mayor implicación en tareas de sobreesfuerzo en los telares".

Justifica qué normativas de carácter nacional y europeo recogen este tipo de discriminación y desarrollan su tratamiento.

3. Resumen

El análisis de la igualdad de género requiere de un estudio detallado de la normativa clave que establece y regula la implantación de planes de igualdad, la Ley Orgánica 3/2007, para la Igualdad Efectiva de Mujeres y Hombres (LOIEMH), y su impacto en el tejido empresarial. La LOIEMH no solo proporciona un marco legislativo, sino que incide en las dinámicas internas de las empresas, estableciendo normas que deben ser integradas en cada nivel organizacional.

Los **principios** por los que se rige la ley son:

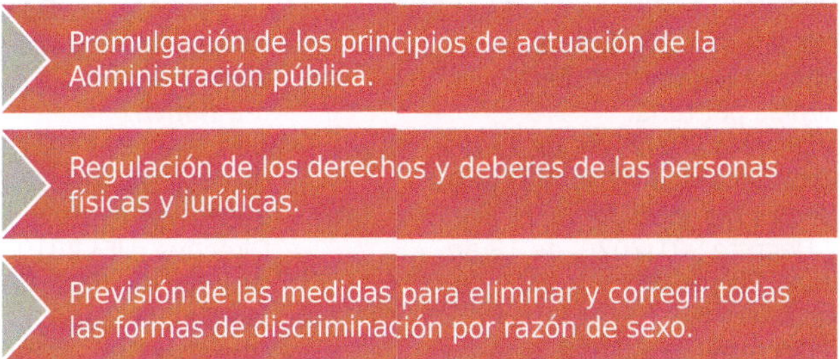

El contenido mínimo del diagnóstico previo está compuesto por diferentes materias relacionadas con el ámbito laboral y que servirán de base para definir las medidas que incluir en los planes de igualdad, tratando aspectos como el acceso al empleo, la selección de personal, la promoción interna, la conciliación familiar y laboral, o la retribución, entre otros. La LOIEMH regula acciones concretas en el ámbito laboral y en otros ámbitos distintos de este, como la educación, la cultura, la salud o la sociedad de la información.

El **impacto de la Ley Orgánica 3/2007** en la empresa se caracteriza por los siguientes aspectos:

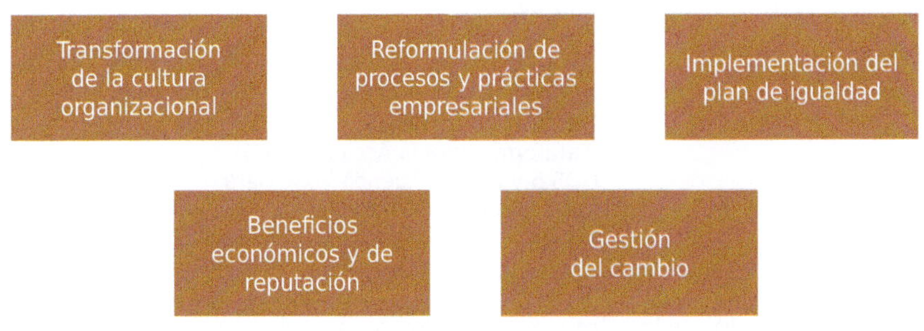

Entender el marco normativo nacional y autonómico es crucial para guiar a las empresas en la implementación de políticas y prácticas para abordar desigualdades y potenciar una cultura organizativa basada en la equidad. En este contexto, el análisis de otras normativas sobre igualdad de género, tanto internacionales como europeas, amplía el entendimiento de las obligaciones y responsabilidades que tienen las empresas. Estas normativas sirven como complementos a la LOIEMH, y son algunas de las más relevantes las siguientes:

Normativa española

- Ley Orgánica 2/2024, de 1 de agosto. Representación y presencia paritaria.
- Real Decreto 902/2020, de 13 de octubre. Igualdad retributiva entre mujeres y hombres.
- Real Decreto 901/2020, de 13 de octubre. Planes de igualdad y su registro.
- Real Decreto Ley 6/2019, de 1 de marzo. Garantía de la igualdad de trato y de oportunidades entre mujeres y hombres en el ámbito laboral.
- Real Decreto Legislativo 2/2015, de 23 de octubre. Estatuto de los Trabajadores.

Directivas europeas

- Directiva (UE) 2023/970, de 10 de mayo de 2023. Igualdad retributiva.
- Directiva (UE) 2022/2381, de 23 de noviembre de 2022. Paridad de género entre administradores.
- Directiva (UE) 2019/1158, de 20 de junio de 2019. Conciliación familiar y laboral.
- Directiva (UE) 2019/1152, de 20 de junio de 2019. Condiciones laborales en la UE.
- Directiva 2006/54/CE, de 5 de julio de 2006. Principio de igualdad de oportunidades e igualdad de trato en asuntos laborales.

Normas internacionales

- Convención sobre la Eliminación de Todas las Formas de Discriminación contra la Mujer (CEDAW).
- Convenios de la OIT sobre igualdad de remuneración y discriminación en el empleo.
- Declaración de Beijing y Plataforma para la Acción (1995).
- ODS 5 y 8 de la Agenda 2030 para el Desarrollo Sostenible.

Las obligaciones legales de las empresas no solo abarcan aspectos de contratación y empleo, sino también los derechos y deberes tanto de las empresas como de las personas trabajadoras, y las consecuencias legales de su incumplimiento.

Ejercicios de autoevaluación Unidad de Aprendizaje 7

1. ¿Cuáles son los principios por los que se rige la LOIEMH?

a. Regular los principios de actuación de la Administración pública.
b. Regular los derechos y deberes de las personas físicas y jurídicas.
c. Prever las medidas para eliminar y corregir todas las formas de discriminación por razón de sexo.
d. Desarrollar el sistema sancionador por incumplimientos en asuntos de igualdad.

2. Para que una empresa esté obligada a implementar un plan de igualdad, ¿qué requisito relacionado con el personal debe cumplir la empresa?

a. Que tenga el mismo número de trabajadoras que de trabajadores.
b. Que exista igualdad retributiva entre su personal.
c. Que sean más de cincuenta personas en plantilla.
d. Que haya paridad en sus órganos directivos.

3. ¿Cuál de las siguientes opciones no es uno de los ejes en torno a los cuales se estructura la Ley Orgánica 3/2007?

a. Salud.
b. Comercio.
c. Educación.
d. Cultura.

4. La característica del impacto de la LOIEMH que trata la reformulación de procesos empresariales se traduce en...

a. ... la adopción de un enfoque más justo en la contratación, formación, promoción y remuneración.
b. ... el establecimiento de políticas para fomentar la diversidad y la inclusión.
c. ... la obtención de mayores beneficios económicos.
d. ... la captación de talento femenino.

5. Indica si la siguiente afirmación es verdadera o falsa: "La Directiva 2006/54/CE regula la aplicación del principio de igualdad de retribución entre hombres y mujeres".

- Verdadero
- Falso

6. Determina si la siguiente afirmación es verdadera o falsa: "El objetivo de desarrollo sostenible 5 de la Agenda 2030 busca la erradicación de la discriminación laboral promoviendo un trabajo decente para todas las personas".

- Verdadero
- Falso

7. Indica si la siguiente afirmación es verdadera o falsa: "Las comunidades autónomas no tienen potestad para publicar normas legales en torno a la igualdad de género en el ámbito laboral".

- Verdadero
- Falso

8. En la implantación del plan de igualdad, ¿cuáles son las obligaciones de su personal?

a. Establecer un sistema de seguimiento continuo para evaluar el plan.
b. Cumplir con los códigos de conducta diseñados en el plan.
c. Denunciar las conductas contrarias a la igualdad de género detectadas en la organización.
d. Ofrecer retroalimentación constructiva sobre las políticas incluidas en el plan.

9. Si una empresa no implementa un plan de igualdad cuando está obligada por ley, ¿qué sanción mínima le impondrán?

a. De 3.751 a 7.500 €.
b. De 7.501 a 30.000 €.
c. De 1.501 a 3.750 €.
d. De 30.001 a 120.005 €.

10. ¿Qué infracción lleva aparejada una sanción accesoria en forma de pérdida de ayudas, bonificaciones o beneficios de los programas de empleo?

a. La no aplicación de medidas de igualdad establecidas en la LOIEMH.
b. El incumplimiento de las obligaciones en materia de planes de igualdad.
c. La aplicación de planes de igualdad sin cumplir los términos de la ley.
d. La que se deriva de decisiones empresariales que supongan discriminaciones directas o indirectas por razón de sexo.

Unidad de aprendizaje 8

Abordaje de la implantación del plan de igualdad en la empresa

Contenido

1. Introducción
2. Descripción del acto de negociación colectiva del plan de igualdad
3. Desarrollo de las competencias de la comisión negociadora
4. Identificación del contenido mínimo o estructura básica del plan de igualdad
5. Comprensión del proceso de seguimiento y evaluación del plan de igualdad
6. Descripción del proceso de registro y depósito del plan de igualdad
7. Resumen

Objetivos

El objetivo general de esta Unidad de Aprendizaje es:

→ Desarrollar las herramientas, los conocimientos y las habilidades necesarias para implementar el plan de igualdad en la empresa.

Los objetivos específicos de esta Unidad de Aprendizaje son:

→ Describir el proceso de negociación del plan y las competencias de la comisión negociadora.

→ Dominar los apartados que componen la estructura básica de un plan de igualdad.

→ Analizar el proceso de seguimiento y evaluación del plan de igualdad.

→ Describir el proceso de registro y depósito del plan.

1. Introducción

En las últimas décadas, el movimiento por la igualdad de género ha ganado terreno de manera significativa en todo el mundo, promoviendo cambios legales, sociales y culturales que buscan eliminar las brechas entre hombres y mujeres en diversos ámbitos. Las empresas no son ajenas a esta tendencia y, de hecho, tienen un papel crucial en la construcción de sociedades más igualitarias. Hoy en día, la implantación de planes de igualdad en el entorno laboral no solo es una pauta ética y de responsabilidad social corporativa, sino una necesidad imperiosa para cualquier organización que aspire a ser competitiva y relevante en el siglo XXI.

El abordaje de la implantación de un plan de igualdad en la empresa es un proceso estratégico que trasciende la mera formalidad de cumplir con normativas legales. Se trata de una oportunidad para transformar las estructuras internas y garantizar un entorno donde cada individuo pueda desarrollarse plenamente, sin limitaciones impuestas por su género. La correcta implementación de estos planes da como resultado un ambiente laboral más inclusivo y equitativo, lo cual, a su vez, mejora la productividad, la retención de talento y la motivación entre los empleados. Las empresas que lideran estos cambios pueden percibir notables beneficios al atraer a una fuerza laboral diversa que fomente la innovación y la creatividad.

El camino para alcanzar esta transformación no es sencillo e implica un enfoque metódico y comprometido desde las etapas iniciales. Desde la negociación colectiva, donde se establece un diálogo abierto y constructivo entre todas las partes interesadas, hasta el seguimiento y la evaluación constante del plan en marcha, cada fase del proceso debe abordarse con diligencia y profesionalidad. El conocimiento de plazos y procedimientos, y el desarrollo de las competencias necesarias en las comisiones negociadoras son aspectos esenciales que apoyan la concreción efectiva de estos objetivos.

Así, implementar un plan de igualdad en la empresa no solo significa cumplir con una obligación normativa, es la base sobre la cual se construyen organizaciones del futuro, resilientes, con estructuras más justas y dinámicas. Las empresas que logran integrar planes de igualdad robustos desarrollan un sentido genuino de comunidad y coherencia interna, reflejando un compromiso tangible con la equidad, al tiempo que cosechan los beneficios económicos y sociales de estos esfuerzos.

Al comprender los elementos imprescindibles, incluyendo los protocolos de actuación, el contenido mínimo requerido y las estrategias de seguimiento y evaluación necesarios para implementar el plan de igualdad en la empresa, el equipo designado para ello en WorldPrint estará capacitado para guiar a su organización hacia un futuro de igualdad en el ámbito laboral.

2. Descripción del acto de negociación colectiva del plan de igualdad

HILO CONDUCTOR

El equipo de la empresa WorldPrint, con los conocimientos adquiridos sobre cómo implantar el plan de igualdad, ya puede comenzar con su trabajo. En primer lugar, van a realizar la apertura de la negociación que se corresponde con la primera fase del plan: puesta en marcha del proceso de elaboración.

La negociación del plan de igualdad es un proceso esencial en la implantación de un plan de igualdad efectivo en cualquier organización. No solo es un mecanismo para asegurar la participación activa de las personas trabajadoras y la empresa en el desarrollo del plan, sino que también representa un compromiso formal hacia la creación de un **ambiente laboral más equitativo e inclusivo.**

La negociación del plan de igualdad debe entenderse como una oportunidad para consolidar las relaciones laborales y garantizar que todos en la organización trabajen hacia un objetivo común: la igualdad y el respeto.

La negociación del plan de igualdad debe ser vista como un acto colaborativo.

La obligación que tienen las empresas de aplicar la igualdad de trato y de oportunidades en el ámbito laboral requiere la implantación de medidas, previo **proceso de negociación.** Estas medidas han de estar encaminadas a lograr los siguientes objetivos:

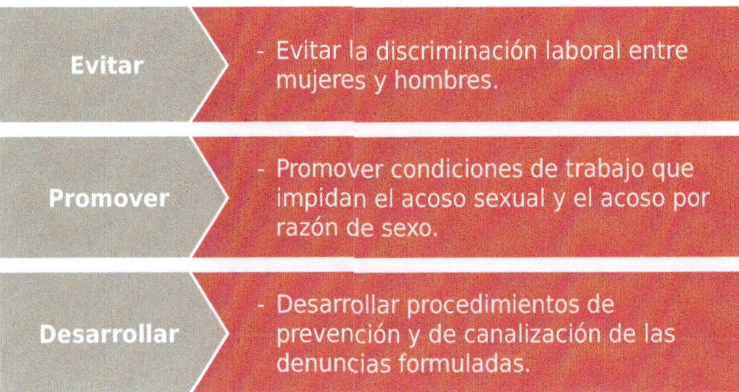

RECUERDA

Elaborar y aplicar el plan de igualdad es obligatorio para las empresas que tienen más de 50 personas en plantilla, y para el resto, voluntario.

Las medidas que aplicar requieren un **proceso de negociación** cuyas directrices se recogen en las disposiciones del reglamento incluido en el **Real Decreto 901/2020, de 13 de octubre.** El acto de negociación comienza con una serie de pasos preliminares que establecen el marco para la discusión. Primero, se debe identificar la necesidad de un plan de igualdad, una necesidad que puede derivarse de la legislación vigente o de una decisión organizacional por la identificación de áreas de desigualdad dentro de la empresa.

Una vez que se establece la necesidad, es papel de la organización garantizar que todos los grupos de interés estén involucrados desde el inicio. En este contexto, la negociación no es simplemente un intercambio de ideas, sino una intermediación que requiere la participación activa de todos para llegar a acuerdos efectivos y sostenibles.

El Real Decreto 901/2020 desarrolla el reglamento por el que se rigen los planes de igualdad y su registro. Accede al siguiente enlace para consultarlo:

https://redirectoronline.com/ctri00090801

2.1. Conocimiento de plazos y procedimientos para el acuerdo del plan de igualdad

Conocer los plazos y los procedimientos necesarios para alcanzar el acuerdo de un plan de igualdad en la empresa es esencial para garantizar el éxito de su implantación. Este conocimiento permite a las organizaciones planificar adecuadamente, asignar recursos con eficiencia y asegurar que todas las partes implicadas se comprometan con el proceso.

En cuanto a los **plazos** para llevar a cabo la negociación, la normativa diferencia tres supuestos en función de la causa por la que la empresa está obligada:

Por ley
- Cuando la empresa alcanza el número de personas trabajadoras requeridas para que la implantación del plan de igualdad sea obligatoria, el procedimiento de negociación se debe realizar en el plazo máximo de tres meses a contar desde ese momento.

Continúa en página siguiente >>

<< *Viene de página anterior*

Por convenio colectivo
- Cuando la empresa esté obligada por convenio colectivo, el procedimiento negociador se inicia en el plazo establecido en este. Si no figura en el convenio plazo alguno, la negociación comienza dentro de los tres meses posteriores a su publicación.

Por inicio de un procedimiento sancionador
- Cuando la obligatoriedad viniera acordada por la autoridad laboral como consecuencia de un procedimiento sancionador, el plazo para iniciar la negociación será el recogido en dicho acuerdo.

IMPORTANTE

En el plazo máximo de un año desde el día siguiente a la finalización del procedimiento de negociación, la empresa ha de tener su plan de igualdad negociado, aprobado y presentado para su registro.

ACTIVIDAD COMPLEMENTARIA

8. Una empresa desconoce si, por el número de personas trabajadoras que tiene, está obligada a elaborar y aplicar un plan de igualdad. ¿Cómo debe cuantificar su plantilla para averiguarlo? Indica lo que la normativa regula sobre ello.

El procedimiento de negociación tiene que desarrollarse atendiendo a las siguientes **características:**

- Hay que levantar acta de cada una de las reuniones que se celebren en la negociación y deben estar aprobadas y firmadas por las partes.
- Las negociaciones se deben celebrar de buena fe para lograr un acuerdo. Este requiere el consenso de la empresa y de la mayoría de los representantes de las personas trabajadoras de la comisión negociadora.
- En caso de no llegar a acuerdo, la comisión puede acudir a los procedimientos y los órganos de solución de conflictos.
- El resultado de las negociaciones se formalizará por escrito, incluyendo la firma de las partes.
- Posteriormente se enviará a la autoridad laboral para su registro, depósito y publicidad.

SABÍAS QUE...

Los aspectos del procedimiento de negociación que no estén recogidos en el reglamento del Real Decreto 901/2020 se regirán por las normas incluidas en el Estatuto de los Trabajadores sobre la tramitación de convenios colectivos (art. 89).

Este conjunto de directrices y acciones subraya la importancia de planificar y gestionar con efectividad los plazos y los procedimientos para que el plan de igualdad no solo sea un documento formal, sino que se traduzca en una herramienta dinámica y efectiva que promueva la igualdad de oportunidades y un ambiente de trabajo más equitativo y respetuoso para todos los miembros de la organización.

EJEMPLO

A continuación, se muestran dos ejemplos prácticos de la implementación del plan de igualdad en la empresa y su proceso de negociación:

Continúa en página siguiente >>

<< Viene de página anterior

a. Una empresa española del sector tecnológico se propuso implementar su plan de igualdad en un plazo de dos años. Tras un diagnóstico inicial, establecieron medidas como la igualdad salarial, la promoción de mujeres a roles de liderazgo y programas de conciliación laboral que favorecían a ambos géneros. Durante el proceso de negociación, enfrentaron resistencias en relación con la paridad salarial, que se superaron mediante talleres de sensibilización.
b. Una organización en el sector financiero implementó un plan de igualdad cuyo acuerdo se logró gracias a la disposición de la empresa para alargar los tiempos de negociación, permitiendo un diálogo más amplio y participativo. Se incluyeron todos los niveles jerárquicos en las discusiones y se realizaron capacitaciones acerca del impacto de las medidas propuestas, generando un clima de colaboración y aceptación.

3. Desarrollo de las competencias de la comisión negociadora

HILO CONDUCTOR

Dentro de la primera fase, el siguiente paso que tiene que dar el equipo de igualdad designado es la creación de la comisión negociadora y la definición de sus funciones y competencias en la elaboración y la implantación del plan de igualdad.

La **comisión negociadora** en el ámbito de los planes de igualdad se erige como una entidad clave encargada de desarrollar, implementar y evaluar políticas que promuevan la equidad de género dentro de las organizaciones. Su función es crucial para asegurar que las medidas establecidas sean eficaces, relevantes y sostenibles, abordando las desigualdades de género presentes en el entorno laboral.

Con carácter general, la comisión negociadora se compone, en **igual proporción numérica,** por representantes de la empresa y representantes de las personas trabajadoras. Estos últimos pueden estar formados por:

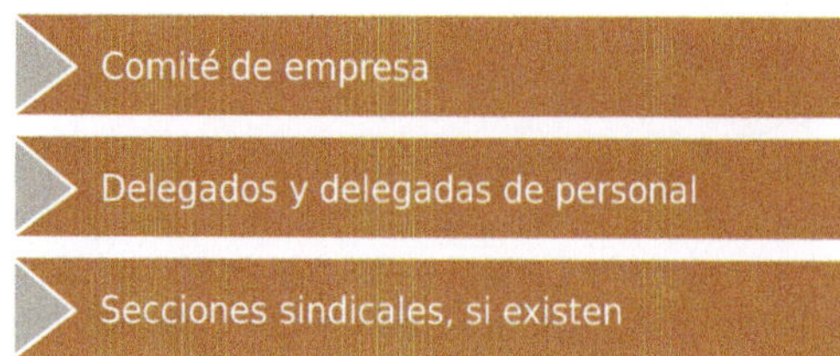

NOTA

En la negociación intervienen las secciones sindicales si así lo han acordado y siempre que sumen la mayoría de los miembros del comité de empresa o entre los delegados y las delegadas de personal.

El procedimiento de negociación difiere de lo visto hasta el momento cuando la empresa pertenece a alguna de las siguientes tipologías:

Si es una empresa con varios centros de trabajo...

... negocia el comité intercentros, si existe y tiene competencias para ello.

Si se trata de un grupo de empresas...

... la negociación se realiza según las normas para la legitimación de los convenios colectivos de ese ámbito, del Estatuto de los Trabajadores (art. 87).

CONSEJO

En la comisión negociadora se debe fomentar el equilibrio en ambas partes respecto al número de mujeres y hombres, y la formación o experiencia en igualdad laboral de sus componentes.

En las empresas donde **no exista representación legal de las partes,** la comisión negociadora se caracteriza por:

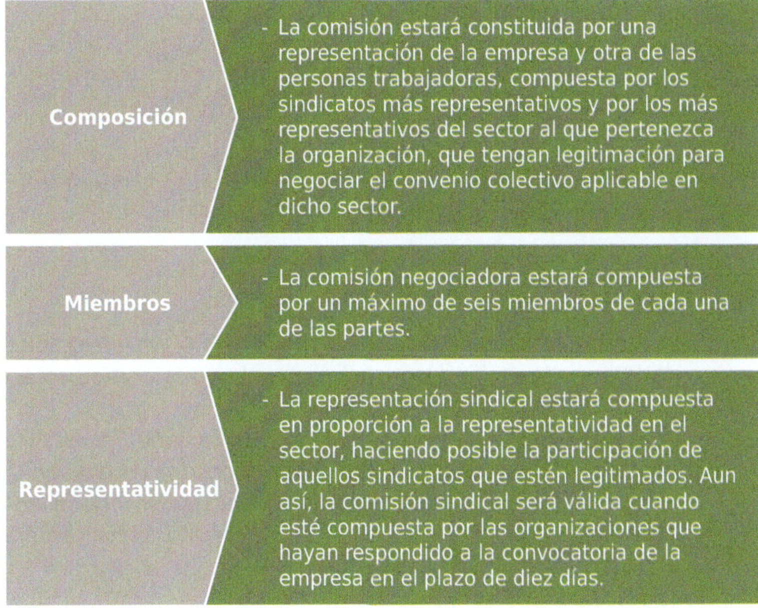

Cuando **existan centros de trabajo que tengan representación legal** (comité de empresa, delegados y delegadas de personal, o secciones sindicales) **y centros que no cuenten con ella,** la parte social de la comisión negociadora estará compuesta por los siguientes miembros:

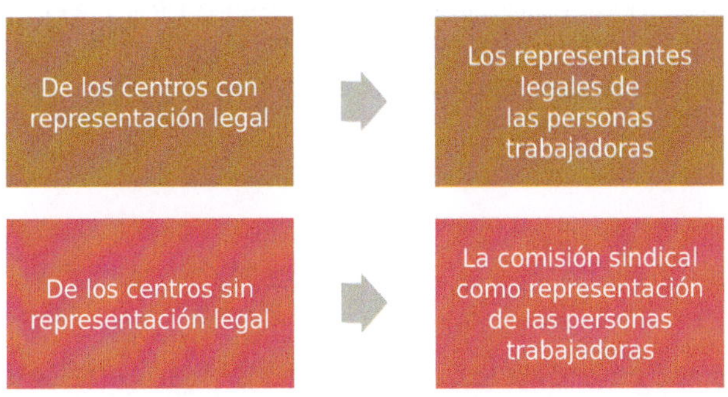

IMPORTANTE

La comisión negociadora en su conjunto ha de estar compuesta por un máximo de trece miembros de cada parte.

Los miembros que forman la comisión negociadora cuentan con los siguientes **derechos y obligaciones:**

- **Derechos:**
  - Las personas participantes en la negociación de los planes de igualdad tienen los mismos derechos que las que participan en la negociación de los convenios colectivos.
  - Los miembros de la comisión negociadora tienen derecho a acceder a la documentación y la información necesaria para la realización del diagnóstico de situación previo a la elaboración del plan de igualdad, estando la empresa obligada a facilitarle dicha información.
- **Obligaciones:**
  - Las personas participantes en la negociación de los planes de igualdad tienen las mismas obligaciones que las que participan en la negociación de los convenios colectivos.
  - Los miembros de la comisión negociadora (y los expertos externos) tienen la obligación de respetar el deber de sigilo de la información comunicada con carácter reservado.
  - Los documentos de la empresa entregados a la comisión no pueden ser utilizados fuera del ámbito de trabajo de esta, ni utilizados para fines distintos a los que se facilitaron.

DEFINICIÓN

Deber de sigilo

Según la RAE, la *obligación de sigilo es el deber de los profesionales de no divulgar los secretos de otras personas.*

El reglamento de los planes de igualdad regula que las **competencias que tiene la comisión negociadora** son las siguientes:

- **Negociación.** Negociación y elaboración del diagnóstico, y negociación de las medidas del plan de igualdad.
- **Informes.** Elaboración del informe de los resultados del diagnóstico.
- **Medidas prioritarias.** Identificación de las medidas prioritarias derivadas del resultado del diagnóstico, así como su ámbito de aplicación, los medios materiales y humanos para su implantación, las personas u órganos responsables y el cronograma de actuaciones.
- **Implantación.** Impulso de la implantación del plan de igualdad en la empresa.
- **Indicadores.** Definición de los indicadores de medición y de los instrumentos de recogida de datos para el seguimiento y la evaluación del cumplimiento de las medidas implantadas.
- **Primeras acciones.** Motivación para la aplicación de las primeras acciones de información y sensibilización a la plantilla de la empresa.
- **Otras funciones.** Aquellas otras funciones atribuidas por la normativa, el convenio colectivo aplicable o por acuerdo de la propia comisión, incluida la remisión del plan de igualdad para su registro, depósito y publicación.

SABÍAS QUE...

La norma que regula las competencias de la comisión negociadora recoge la potestad que tiene esta figura para contar con un reglamento de funcionamiento interno.

La comisión también puede contar, además, con el **asesoramiento y la ayuda** de estos otros agentes:

- **Personal experto:**
  - Su función es de apoyo en el proceso de creación y seguimiento del plan, y la impartición de formación a los agentes implicados. Tienen voz pero no voto.
  - Pueden ser empresas externas especializadas en la igualdad entre mujeres y hombres, o personal interno contratado para ello.

➲ **Organismos de igualdad:**

- Su función es de asesoramiento y apoyo para el cumplimiento de la normativa vigente en materia de igualdad, sobre todo en la elaboración y la implantación del plan.
- Entre estos organismos están el Ministerio de Igualdad (Instituto de las Mujeres), el instituto de la mujer a nivel autonómico (por ejemplo, Instituto Andaluz de la Mujer), etc.

PARA SABER MÁS

Los organismos de igualdad tienen un papel importante en la labor de creación de los planes de igualdad. Accede a los siguientes enlaces de algunos de ellos:

https://redirectoronline.com/ctri00090802

https://redirectoronline.com/ctri00090803

Francisco está asistiendo a un curso de implantación del plan de igualdad en la empresa. En el día de hoy están tratando las partes implicadas en su elaboración y, para ilustrar de forma práctica la clase, el formador plantea el siguiente supuesto: "La comisión negociadora se compone de forma proporcional de los representantes de la empresa y el de las personas trabajadoras. ¿Por quiénes pueden estar integrados estos últimos?"

Solución

En la comisión negociadora los representantes de las personas trabajadoras lo pueden formar:

- El comité de empresa.
- Los delegados y delegadas de personal.
- Las secciones sindicales, si existen.

4. Identificación del contenido mínimo o estructura básica del plan de igualdad

HILO CONDUCTOR

En el proceso de implementación del plan de igualdad en la empresa WorldPrint, el equipo considera que es crucial definir y entender cuál es el contenido mínimo que debe incluirse para garantizar que el plan sea efectivo, comprensible y conforme a la normativa vigente.

Un plan de igualdad es un conjunto ordenado de medidas, adoptado después de realizar un diagnóstico de situación, tendente a alcanzar la igualdad de trato y de oportunidades entre mujeres y hombres, y a eliminar la discriminación por razón de sexo en una empresa. La obligatoriedad de estos planes conforme a las legislaciones vigentes en muchos países resalta su importancia no solo jurídica, sino también ética y social dentro de las organizaciones.

La identificación del **contenido mínimo o estructura básica** del plan de igualdad tiene como objetivo asegurar que el plan sea integrador y específico para abordar las desigualdades de género en el entorno laboral.

Es imprescindible que el contenido del plan de igualdad esté en línea con la legislación nacional en materia de igualdad y no discriminación. Esto no solo evita sanciones legales, sino que también asegura que el plan se adapte a las mejores prácticas identificadas para la promoción de la igualdad de género.

Las normativas pueden incluir, entre otras, la Ley Orgánica de Igualdad, directivas de la Unión Europea o recomendaciones de la Organización Internacional del Trabajo (OIT).

4.1. Estructura del plan de igualdad

El reglamento que desarrolla los planes de igualdad regula su **estructura básica** con el siguiente contenido mínimo:

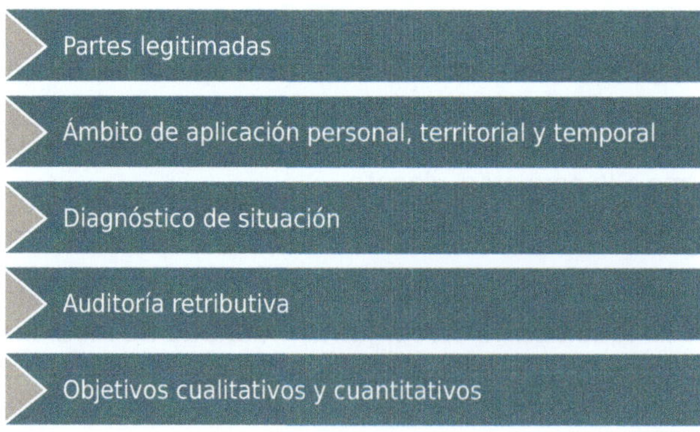

Continúa en página siguiente >>

<< Viene de página anterior

- Medidas que aplicar e indicadores de evolución
- Medios y recursos para la implantación, el seguimiento y la evaluación
- Calendario de actuaciones
- Sistema de seguimiento, evaluación y revisión periódica
- Comisión encargada del seguimiento, la evaluación y la revisión del plan
- Procedimiento de modificación

Presentación, partes legitimadas y ámbitos de aplicación

El plan de igualdad comienza con una **breve exposición de los datos de la empresa.** En la especificación de las partes que lo conciertan y que tienen legitimidad para suscribirlo, se incluyen los **miembros de la comisión negociadora,** formada por los representantes legales de la empresa y los representantes legales de las personas trabajadoras.

Los representantes legales de las personas trabajadoras en la comisión negociadora los forman el comité de empresa, los delegados y las delegadas o, en su caso, las secciones sindicales.

La guía de elaboración de los planes de igualdad disponible en la página web del Instituto de las Mujeres muestra en el apartado referente al **ámbito de aplicación personal, territorial y temporal,** una explicación de su contenido:

Especificar que el plan de igualdad será de aplicación a la totalidad de las personas trabajadoras de la empresa, así como en su caso, a las personas cedidas por empresas de trabajo temporal durante los periodos de prestación de servicio en la empresa usuaria. Se indicará el ámbito territorial del plan de igualdad, si es provincial, autonómico o nacional, con indicación de todos los centros de trabajo de la empresa, así como el periodo de vigencia del mismo, con indicación expresa de la fecha de entrada en vigor. Igualmente se podrá incluir en el ámbito temporal del plan de igualdad que, una vez finalizada su vigencia, este se mantenga en vigor hasta la aprobación del siguiente, sin que, en su caso, su duración máxima exceda del periodo de 4 años previsto en el artículo 9.1 del Real Decreto 901/2020.

Diagnóstico de situación

Incluye un informe con los **datos resultantes del diagnóstico de situación inicial** realizado a través de una serie de análisis cuantitativos y cualitativos destinados a identificar las desigualdades existentes relacionadas con el género. Se centra en el estudio de datos relevantes que abarcan diferentes aspectos del entorno laboral, tales como:

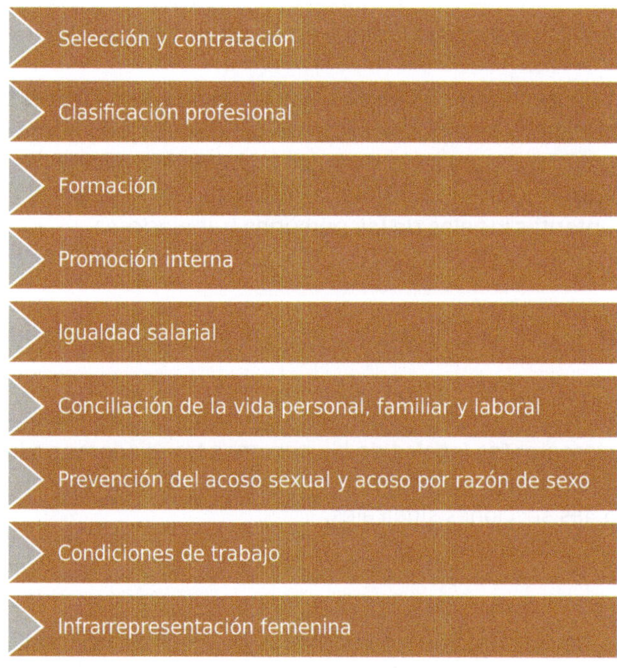

SABÍAS QUE...

Si se trata de un grupo de empresas, en este apartado se debe incluir un informe del diagnóstico por cada una de las entidades que conforman el grupo.

Auditoría retributiva

Los **resultados** de la auditoría retributiva realizada por la empresa, así como su **vigencia y periodicidad**, forman otro de los apartados de la estructura del plan de igualdad. Este proceso, regulado en el Real Decreto 902/2020, de 13 de octubre, consiste en el análisis global de los sistemas de retribución y promoción profesional de la empresa, y de las medidas de conciliación aplicadas que pudieran beneficiar o perjudicar la igualdad retributiva entre las trabajadoras y los trabajadores.

La vigencia de la auditoría es la misma que la del plan de igualdad en el que está incluida, excepto que en el propio plan se determine otro período inferior. Cabe destacar que la LOIEMH establece como período máximo de vigencia del plan de igualdad **4 años.**

IMPORTANTE

En el plan de igualdad se debe hacer constar si la vigencia de la auditoría retributiva coincide con la del plan del que forma parte o tiene otra diferente.

PARA SABER MÁS

El Instituto de las Mujeres pone a disposición de las empresas una herramienta para la igualdad retributiva en forma de guía técnica de elaboración. Accede al siguiente enlace de la página web donde puedes consultarla:

Continúa en página siguiente >>

<< Viene de página anterior

https://redirectoronline.com/ctri00090804

Objetivos cualitativos y cuantitativos

El siguiente apartado del contenido es el que hace referencia a la definición de los objetivos, tanto de carácter cualitativo como cuantitativo. Una vez realizado el diagnóstico, es imprescindible **definir los objetivos del plan de igualdad,** que han de enfocarse en eliminar las brechas y desigualdades identificadas durante el diagnóstico; además, sirven como guía para las intervenciones necesarias hacia el logro de la igualdad de género. Los objetivos se caracterizan por ser:

Medidas que aplicar e indicadores de evolución

En el plan de igualdad es esencial detallar las acciones que se llevarán a cabo para alcanzar los objetivos planteados. **Describir las medidas concretas** que aplicar es parte del contenido del plan de igualdad. Estas medidas deben abordar diferentes áreas, como la contratación, la promoción, la formación y la conciliación, entre otras, para crear un ambiente laboral inclusivo y equitativo. El apartado debe contener los siguientes puntos:

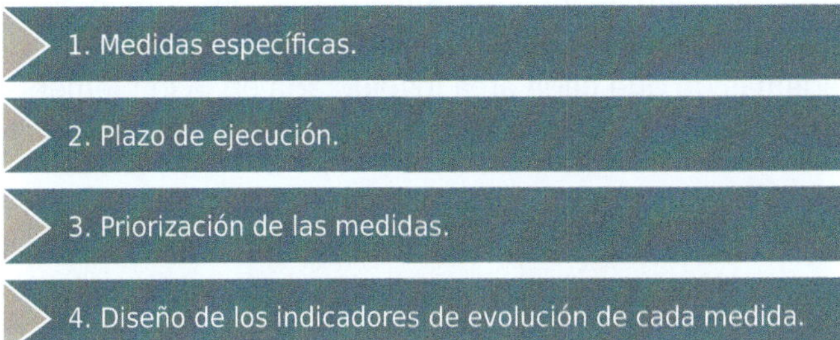

EJEMPLO

En el plan de igualdad de una empresa se ha determinado como área de actuación prioritaria el proceso de selección y contratación. La correlación entre el objetivo que alcanzar, la medida que aplicar y el indicador de evolución adecuado para medir la eficacia de la medida puede ser similar a la que muestra la *Guía para la elaboración de los planes de igualdad en las empresas* (Fase 3) publicada por el Instituto de las Mujeres.

Área de actuación: Proceso de selección y contratación

Objetivo

- Presencia equilibrada de mujeres y hombres en la plantilla.

Medida

- Preferencia del sexo infrarrepresentado en igualdad de condiciones de idoneidad

Indicadores

- Número total de procesos de selección.
- Número de procesos de selección en los que se aplica la cláusula de preferencia.
- Número y porcentaje, desagregado por sexo, de:
  - candidaturas presentadas
  - personas que participan
  - personas incorporadas

Medios y recursos para la implantación, el seguimiento y la evaluación

La definición de los **medios y los recursos que serán necesarios** es otro componente fundamental en la estructura del contenido mínimo. Ha de existir un compromiso por parte de la entidad para proporcionar estos recursos, además de que cada área involucrada en la implementación del plan esté debidamente capacitada. Los recursos pueden ser, entre otros:

Los recursos humanos incluyen la formación adecuada del personal involucrado en la implementación del plan, por la que adquieren la capacitación necesaria para entender y aplicar los principios de igualdad de género en el contexto de la empresa.

Sistema de seguimiento, evaluación y revisión periódica

Tan importante como implementar las acciones es **medir su efectividad.** Un plan de igualdad debe incluir entre sus apartados un **sistema de seguimiento y evaluación** mediante la identificación de indicadores de progreso. Estos criterios permitirán evaluar si los objetivos están siendo cumplidos y qué áreas necesitan ajustes o reevaluaciones. Estos indicadores deben diseñarse para proporcionar datos cualitativos y cuantitativos que reflejen los avances en relación con los objetivos predefinidos.

Indicadores como el índice de satisfacción en temas de género, la reducción de la brecha salarial o el número de mujeres promovidas anualmente son métricas que permiten valorar de manera continua el impacto del plan de igualdad.

Además, el establecimiento de un **sistema de revisión y retroalimentación regular** es indispensable para **mantener el plan de igualdad dinámico.** Este sistema debe contemplar mecanismos de *feedback* desde diversos niveles dentro de la organización, permitiendo la adaptación continua del plan según los desafíos y las necesidades cambiantes.

La empresa puede contar con un **sistema de revisión** específico, pero cabe mencionar que el reglamento de igualdad establece un conjunto de circunstancias que obligan a realizar revisiones:

a. *Cuando deba hacerse como consecuencia de los resultados del seguimiento y evaluación previstos en los apartados 4 y 6 siguientes.*

b. *Cuando se ponga de manifiesto su falta de adecuación a los requisitos legales y reglamentarios o su insuficiencia como resultado de la actuación de la Inspección de Trabajo y Seguridad Social.*

c. *En los supuestos de fusión, absorción, transmisión o modificación del estatus jurídico de la empresa.*

d. *Ante cualquier incidencia que modifique de manera sustancial la plantilla de la empresa, sus métodos de trabajo, organización o sistemas retributivos, incluidas las inaplicaciones de convenio y las modificaciones sustanciales de condiciones de trabajo o las situaciones analizadas en el diagnóstico de situación que haya servido de base para su elaboración.*

e. *Cuando una resolución judicial condene a la empresa por discriminación directa o indirecta por razón de sexo o cuando determine la falta de adecuación del plan de igualdad a los requisitos legales o reglamentarios.*

RECUERDA

El período de vigencia de los planes de igualdad definido por las partes negociadoras no puede ser superior a cuatro años.

Otros apartados

Para completar el conjunto de apartados que se incluyen en el plan de igualdad, el reglamento del Real Decreto 901/2020, recoge estos otros:

- **Calendario de actuaciones.** "Calendario de actuaciones para la implantación, seguimiento y evaluación de las medidas del plan de igualdad".

- **Comisión u órgano paritario.** "Composición y funcionamiento de la comisión u órgano paritario encargado del seguimiento, evaluación y revisión periódica de los planes de igualdad".
- **Procedimiento de modificación.** "Procedimiento de modificación, incluido el procedimiento para solventar las posibles discrepancias que pudieran surgir en la aplicación, seguimiento, evaluación o revisión, en tanto que la normativa legal o convencional no obligue a su adecuación".

CONSEJO

Aunque las medidas contenidas en el plan de igualdad son las necesarias según el resultado del diagnóstico de situación previo, se pueden incorporar también otras relacionadas con la violencia de género y el lenguaje y la comunicación no sexista.

TAREA 8

Blanca trabaja desde hace dos años como enfermera general en una clínica privada. El Departamento de Recursos Humanos ha realizado un proceso de selección para ampliar el equipo de enfermería del Área de Urología. Los requisitos para optar al puesto son tener la titulación adecuada y una experiencia de dos años. A este proceso se han presentado dos compañeros y Blanca. Durante este, la empresa ha informado a las personas candidatas de que se va a dar preferencia a las solicitudes de los hombres, alegando que, al ser un tema masculino, los pacientes se sentirán más cómodos con ellos. Finalmente, es elegido un compañero de Blanca.

Como no estaba de acuerdo con la elección, Blanca denunció a la empresa y esta fue condenada mediante resolución judicial por discriminación directa por razón de sexo.

Como la empresa ya tiene implantado un plan de igualdad, ¿consideras que este es un caso por el que esté obligada a revisar su plan y modificarlo? Razona tu respuesta indicando las circunstancias que motivan la revisión del plan de igualdad, según la normativa vigente.

4.2. Ejemplos de contenido adaptado

En el proceso de desarrollar e implementar el plan de igualdad en la empresa se debe adaptar el contenido de las políticas y las prácticas actuales para asegurar que sean inclusivas y equitativas. A continuación, se presentarán ejemplos concretos de cómo adaptar contenidos en diferentes áreas clave de una organización. Estos ejemplos proveerán a las empresas de una guía práctica para transformar intenciones de igualdad en realidades:

- **Política de reclutamiento y selección.** Para asegurar la igualdad de oportunidades, desde el proceso de contratación se pueden revisar las políticas de reclutamiento. Por ejemplo, un contenido adaptado podría ser:

  - Sustituir en los anuncios de empleo descripciones vagas y sesgadas como "personalidad fuerte" por términos inclusivos que se centren en habilidades específicas y medibles.
  - Incluir una declaración de compromiso con la igualdad de género explícita en todos los anuncios de empleo, como, por ejemplo: "Esta empresa promueve la igualdad de género y da la bienvenida a solicitudes de todas las personas cualificadas, independientemente de su género".
  - Implementar el currículum ciego, que consiste en eliminar toda información identificativa que pueda inducir sesgos inconscientes, tales como el nombre, la edad, el género o una fotografía de la persona candidata. Al centrarse únicamente en las habilidades y las experiencias, se fomenta una selección más equitativa y basada estrictamente en el mérito.

- **Formación y desarrollo.** Entre las acciones de adaptación en esta materia, están:

  - Crear programas de formación que sensibilicen a todo el personal sobre las cuestiones de género. Los contenidos de tales formaciones deben incluir estudios de casos reales y prácticas exitosas de inclusión. Por ejemplo, el contenido podría estar basado en talleres que simulen escenarios de trabajo donde se puedan identificar y discutir comportamientos o microagresiones cotidianas que fomenten la inequidad de género.
  - Adaptar los programas de desarrollo profesional para asegurar que tanto hombres como mujeres tengan igual acceso a oportunidades de ascenso. Esto puede incluir el establecimiento de mentores y ejemplos visibles de liderazgo femenino dentro de la organización, lo cual puede inspirar y guiar a más mujeres hacia posiciones de liderazgo.

- **Comunicación interna y cultura empresarial.** El lenguaje y la forma de comunicar dentro de la empresa pueden influir significativamente en la cultura organizacional. Adaptar los contenidos internos implica usar un lenguaje inclusivo y no discriminatorio, asegurando que todos los documentos, incluidos correos electrónicos, manuales de personal y políticas estándares, reflejen el valor de la igualdad de género.
  Un ejemplo es el cambio en la redacción de documentos donde se refleje el uso de neutros o pronombres que reconozcan la diversidad de identidades de género, además de crear espacios, tanto en plataformas en línea como físicas, donde se pueda fomentar la discusión abierta y la sensibilización en temas de igualdad.
- **Política de igualdad salarial.** La adaptación de las tablas salariales y de beneficios asegura que no haya disparidades salariales no justificadas entre géneros. Puede ser una práctica efectiva la realización de auditorías salariales de manera rutinaria y el ajuste en las compensaciones. Este ejercicio recurrente ayuda no solo a identificar brechas, sino también a reafirmar el compromiso de la empresa con la transparencia y la equidad.
  Por ejemplo, si se observa que las mujeres de media ganan un 10 % menos que sus homólogos masculinos para los mismos puestos, se debería restructurar ese déficit mediante aumentos paulatinos de salario hasta alcanzar la paridad.
- **Flexibilidad laboral.** En muchos casos, la responsabilidad del cuidado familiar recae mayormente en las mujeres, limitando su acceso a igual participación en el trabajo. Adaptar la política de flexibilidad laboral para que soporte métricas objetivas y necesidades familiares concretas puede ayudar sustancialmente en la promoción de igualdad de género en el trabajo. Esto incluye soluciones como horarios de trabajo flexibles, teletrabajo y permisos parentales extendidos que reconozcan la importancia del cuidado infantil y familiar compartido.
  Un ejemplo específico es ofrecer permisos laborales a los padres de igual duración que los de las madres, lo que no solo fomenta la igualdad en el hogar, sino que desafía las normas tradicionales de género y ayuda a nivelar el campo de juego laboral.
- **Diversidad e inclusión en proyectos y equipos.** Fomentar equipos diversos es una forma de asegurar la inclusión en cada faceta del negocio. Por tanto, los contenidos de estrategias de equipo deben adaptarse asegurando que haya representación igualitaria y equitativa de género en puestos de decisión y liderazgo.
  Un ejemplo práctico es establecer cuotas de género en equipos de proyecto donde tradicionalmente predominen los hombres, especialmente en industrias como la ingeniería o la tecnología, y apoyar a las mujeres en la obtención de certificaciones y capacitaciones que les permitan acceder a estas oportunidades.

- **Evaluación y seguimiento continuo.** Es esencial incluir evaluaciones periódicas de todos los contenidos adaptados, para poder recalibrar las intervenciones y asegurar que se continúa avanzando en pos de la igualdad de género. Un sistema regular de seguimiento y evaluación debe estar construido de manera que reciba retroalimentación directa de empleados y empleadas de diferentes niveles, utilizando encuestas anónimas que evalúen las políticas y las prácticas introducidas.
  Un ejemplo claro es la utilización de herramientas de *software* para seguimiento que generen informes automáticos sobre la evolución y el cumplimiento de las metas propuestas en el plan de igualdad. Estos datos deben ser discutidos en reuniones de alta gestión y publicados en informes anuales para mantener la transparencia.

A través de estos ejemplos de adaptación de contenido, se puede observar que los pasos hacia la igualdad y la integración de un plan de igualdad firme en la empresa son tanto estratégicos como operativos, abarcando desde ajustes en las políticas hasta cambios sistémicos en la cultura organizacional. Esta trasformación debe ser sostenible y comprometida a efectos de generar un cambio efectivo y duradero.

5. Comprensión del proceso de seguimiento y evaluación del plan de igualdad

HILO CONDUCTOR

Comprender el proceso de seguimiento y evaluación del plan de igualdad es importante para garantizar que los objetivos planteados se están cumpliendo de manera efectiva y que no se conviertan en documentos estáticos sin aplicabilidad real. Con este objetivo, el equipo de igualdad de la empresa WorldPrint revisa el proceso diseñado para averiguar si necesita algún cambio.

5.1. Importancia del proceso de seguimiento y evaluación

El seguimiento y la evaluación del plan de igualdad proporcionan las herramientas necesarias para ajustar, mejorar y transformar la empresa hacia una cultura organizacional más equitativa y justa. Entender correctamente estos procesos implica el conocimiento de los aspectos fundamentales que lo constituyen, su importancia, las metodologías empleadas, así como algunos ejemplos prácticos para su adecuada implementación.

El seguimiento y la evaluación del plan de igualdad son procesos sistemáticos diseñados para medir el progreso y el impacto de las iniciativas dentro del entorno laboral. Estos procesos son esenciales por varias **razones:**

- **Supervisión del progreso.** Permiten observar cómo están evolucionando las acciones planificadas en el tiempo, asegurando que se están siguiendo los pasos adecuados hacia el cumplimiento de las metas establecidas.
- **Detección de mejoras.** A través del seguimiento y la evaluación, se pueden identificar barreras o desafíos inesperados que puedan estar impidiendo el progreso. Esto permite la implementación de medidas correctivas a tiempo.
- **Análisis de recursos.** Ayudan a identificar la necesidad de recursos adicionales o ajustes en las estrategias, garantizando que los esfuerzos estén debidamente apoyados y financiados.
- **Transparencia y responsabilidad.** Proporcionan datos objetivos y medibles que demuestran el compromiso de la empresa con la equidad de género, mejorando la rendición de cuentas y la confianza entre las personas trabajadoras.
- **Toma de decisiones mejoradas.** Al proporcionar un flujo continuo de información, los procesos de seguimiento y evaluación permiten a los responsables de la toma de decisiones comprender mejor las dinámicas organizacionales y realizar ajustes sobre la marcha.

5.2. Metodología de seguimiento

Existen diversas **metodologías** para llevar a cabo el seguimiento que debe adaptarse a las características específicas de cada organización. A continuación, destacamos algunas de las más utilizadas:

- **Indicadores clave de desempeño (KPI).** La definición de KPI específicos para el plan de igualdad permite medir el éxito en diferentes áreas como la contratación, la promoción y la formación profesional entre géneros. Estos indicadores deben ser SMART (específicos, medibles, alcanzables, relevantes y temporales) para garantizar su utilidad.
- **Encuestas periódicas a empleados y empleadas.** Realizar encuestas de satisfacción y clima laboral de manera regular puede ayudar a captar las percepciones y las experiencias de los empleados y las empleadas

respecto a la igualdad de género en la empresa. Estas encuestas deben estar diseñadas para identificar problemas potenciales y obtener *feedback* directo de los afectados.

- **Revisiones de desempeño y progreso.** Revisiones periódicas de la implementación de acciones específicas del plan de igualdad pueden proveer de información valiosa sobre áreas que requieren más atención o ajustes.
- **Análisis de datos cualitativos y cuantitativos.** La recopilación y el análisis de datos relacionados con el género, como tasas de contratación, brechas salariales y representación de género en diferentes niveles jerárquicos, son necesarios para una evaluación exhaustiva.
- **Informes de progreso regulares.** Elaborar informes de progreso de manera regular con detalles sobre las acciones implementadas, los resultados alcanzados y los desafíos encontrados permite mantener involucrados a todos los miembros de la organización.

PARA SABER MÁS

El sistema de seguimiento es un componente importante para conocer las implicaciones del plan de igualdad en la empresa. Accede a este enlace para obtener más información sobre este sistema.

https://redirectoronline.com/ctri00090805

Los **indicadores** utilizados en el seguimiento del plan de igualdad pueden ser de tres tipos dependiendo de la información que suministran sobre las medidas aplicadas y el plan en su conjunto. Se distinguen entre:

De resultado	- Información sobre el grado de ejecución y sobre las personas trabajadoras afectadas.
De proceso	- Información sobre si los recursos asignados son adecuados y suficientes, las dificultades localizadas y sus soluciones.
De impacto	- Cuantificación de los cambios en materia de igualdad en la empresa.

Para **implementar eficazmente** el seguimiento del plan de igualdad, se recomienda seguir un **enfoque sistemático** del proceso, a través de los siguientes puntos:

1. Diseño del sistema de seguimiento

- Establecer desde el principio un sistema de seguimiento claro que defina qué y cómo se va a medir, quiénes serán los responsables y qué herramientas se utilizarán.

2. Capacitación del personal

- Formar a quienes están encargados del seguimiento en el uso de las herramientas metodológicas elegidas y en la interpretación de los datos recogidos.

3. Comunicación con las partes interesadas

- Informar a todos los niveles de la organización sobre los objetivos, los procesos y su papel dentro de estos, fomentando un sentido de propiedad y responsabilidad compartida.

4. Revisión y ajuste continuo

- Establecer un ciclo planificado de revisión y ajuste basado en los hallazgos del seguimiento realizado. Esto implica estar dispuesto a modificar prácticas y objetivos a la luz de los nuevos datos y experiencias.

Los órganos implicados en el proceso de seguimiento del plan de igualdad son, entre otros:

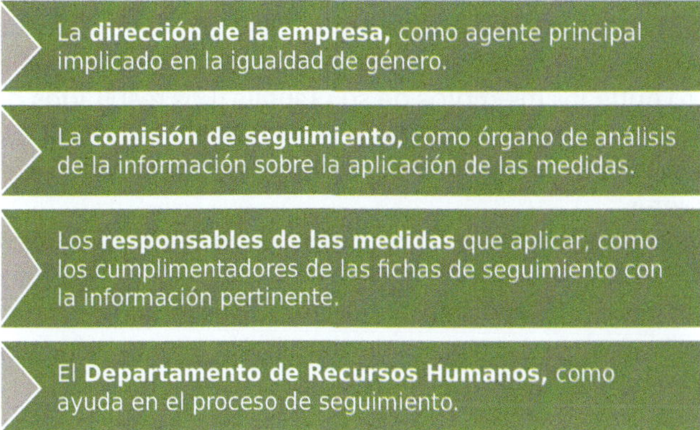

PARA SABER MÁS

Las fichas de seguimiento son herramientas útiles en las que se traslada la información obtenida en los indicadores de seguimiento. Para conocer el modelo facilitado por el Instituto de las Mujeres, accede a la página 4 de "Anexos Fase 4" del siguiente enlace:

https://redirectoronline.com/ctri00090806

Algunos **ejemplos prácticos** de cómo distintas empresas han implementado el seguimiento en sus planes de igualdad, son:

- **Empresa sector tecnológico.** Implementó un sistema de KPI para hacer un seguimiento de la diversidad de género en sus nuevos procesos de contratación. Cada trimestre, se generan informes detallados que muestran el progreso hacia un objetivo de paridad de género en las nuevas posiciones. A través del análisis de estos informes, la empresa ha ajustado su estrategia de contratación para atraer a más candidatas mujeres.

- **Empresa sector manufacturero.** Optó por realizar encuestas semestrales para evaluar el clima laboral y las percepciones de equidad de género entre los miembros de su plantilla. Los resultados de las encuestas revelaron problemas con la representación femenina en posiciones de liderazgo, lo que llevó a la creación de un programa de mentoría para mujeres.
- **Empresa sector servicios financieros.** Estableció ciclos de revisión anuales de su plan de igualdad, incorporando informes de progreso, análisis de brechas salariales y auditorías internas. Cada año, presentan resultados a todas las partes interesadas, ajustan sus estrategias y comunican las metas renovadas para el año siguiente.

Informe de seguimiento

Tras implementar el plan de igualdad, el proceso de seguimiento permite conocer el progreso, identificar desviaciones y, sobre todo, tomar decisiones acertadas para ajustar las acciones. El **informe de seguimiento** es un documento clave que proporciona una imagen clara sobre cómo se está desarrollando el plan de igualdad dentro de la organización. Además:

- Es el medio que permite medir y evaluar su impacto real en la empresa, asegurando que se alcancen los resultados esperados y se mantengan en el tiempo.
- Es una herramienta para la rendición de cuentas, no solo ante los miembros de la organización, sino también ante otros posibles actores responsables, como pueden ser organismos gubernamentales o entidades de regulación.

La elaboración de **informes anuales durante toda la vigencia** del plan fomenta una cultura de transparencia y compromiso hacia la igualdad de género. Permite a los responsables del plan y al conjunto de la organización identificar áreas de mejora continua, fortalecer aquellas en las que se están alcanzando buenos resultados y, por tanto, avanzar de manera significativa hacia un entorno laboral más inclusivo y equitativo.

Un **informe de seguimiento efectivo** debe incluir ciertos componentes esenciales que permitan un análisis exhaustivo del desarrollo del plan de igualdad. Estos componentes son:

- **Introducción y objetivos.** Se presentan el contexto general del informe y los objetivos iniciales del plan de igualdad. Incluye también el compromiso de la empresa con la igualdad de género y una explicación de los beneficios que se han definido con el plan.
- **Descripción metodológica.** Se debe explicar detalladamente la metodología empleada para llevar a cabo el seguimiento, incluyendo las técnicas de recopilación de datos utilizadas, las herramientas analíticas implementadas, así como el período de tiempo abarcado por el informe.
- **Resultados cuantitativos y cualitativos.** Se realiza una exposición de los resultados alcanzados, utilizando tanto datos cuantitativos obtenidos a través de estadísticas como cualitativos recogidos mediante encuestas o entrevistas.
- **Análisis comparativo.** Se presenta una comparación entre los resultados actuales y los objetivos iniciales del plan de igualdad, así como con informes previos si los hubiere. Esto permite identificar el grado de avance, revaluar objetivos y establecer nuevos desafíos si los alcanzados son satisfactorios.
- **Evaluación de desviaciones y acciones correctivas.** En aquellos aspectos donde no se han cumplido los objetivos, se debe identificar qué ha causado estas desviaciones. Tras un análisis exhaustivo, se deben proponer medidas de acción correctiva que permitan reforzar las estrategias planteadas o redirigir los esfuerzos hacia nuevas tácticas más eficientes.
- **Recomendaciones y próximas actuaciones.** En esta sección se proponen nuevas estrategias, iniciativas y recomendaciones que pueden implementarse en fases futuras. El propósito es asegurar una mejora continua y una adaptación constante a los cambios internos y externos de la organización.
- **Conclusiones finales.** Finalmente, se deben resumir las principales conclusiones del informe, reforzando los compromisos adquiridos y la visión futura del plan de igualdad en la empresa.

Para garantizar la eficacia del informe de seguimiento, es esencial escoger una metodología de trabajo bien estructurada. Algunas **pautas recomendadas para una adecuada elaboración** pueden ser:

- **Planificación y organización del trabajo.** Es importante definir el equipo responsable del seguimiento, estableciendo roles y responsabilidades específicos, asignando plazos claros y definiendo herramientas que faciliten la recopilación y el análisis de la información.

- **Recopilación de información.** Se debe establecer un sistema eficiente de recogida de datos, utilizando herramientas como formularios de evaluación, entrevistas, observación directa, grupos focales y análisis de documentos, entre otros.
- **Análisis e interpretación de datos.** Una vez recopilada la información, lo siguiente es interpretarla, identificando patrones, tendencias y anomalías. Utilizar herramientas de análisis, como gráficos, tablas o *software* especializado, puede facilitar el entendimiento y la visualización de los resultados.
- **Redacción y revisión del informe.** La redacción del informe debe ser clara, precisa y accesible a todos los miembros de la organización. Este documento debe ser revisado cuidadosamente para evitar errores de interpretación y asegurar que toda la información relevante ha sido correctamente plasmada.
- **Comunicación y *feedback*.** Una vez finalizado, es fundamental comunicar los resultados del informe a toda la organización. Facilitar canales de *feedback* permitirá recoger aportaciones valiosas del personal que podrían no haber sido contempladas en el seguimiento.

El Instituto de las Mujeres proporciona un **modelo de informe** de seguimiento del plan de igualdad con una estructura clara que facilita esta tarea.

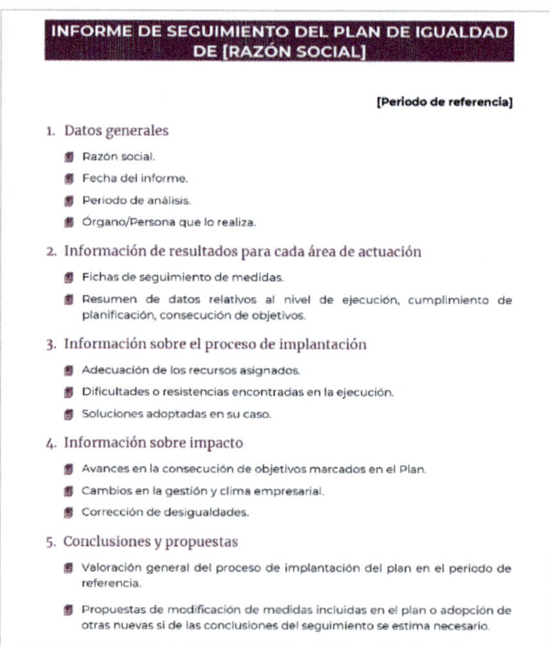

INFORME DE SEGUIMIENTO DEL PLAN DE IGUALDAD DE [RAZÓN SOCIAL]

[Periodo de referencia]

1. Datos generales
   - Razón social.
   - Fecha del informe.
   - Periodo de análisis.
   - Órgano/Persona que lo realiza.
2. Información de resultados para cada área de actuación
   - Fichas de seguimiento de medidas.
   - Resumen de datos relativos al nivel de ejecución, cumplimiento de planificación, consecución de objetivos.
3. Información sobre el proceso de implantación
   - Adecuación de los recursos asignados.
   - Dificultades o resistencias encontradas en la ejecución.
   - Soluciones adoptadas en su caso.
4. Información sobre impacto
   - Avances en la consecución de objetivos marcados en el Plan.
   - Cambios en la gestión y clima empresarial.
   - Corrección de desigualdades.
5. Conclusiones y propuestas
   - Valoración general del proceso de implantación del plan en el periodo de referencia.
   - Propuestas de modificación de medidas incluidas en el plan o adopción de otras nuevas si de las conclusiones del seguimiento se estima necesario.

Modelo de informe de seguimiento. Fuente: Instituto de las Mujeres, Guía para la elaboración de planes de igualdad en las empresas.

El informe de seguimiento no solo actúa como un mecanismo de control, sino que también tiene **implicaciones significativas** para la cultura organizacional de la empresa:

Fomenta la participación activa de todos los niveles jerárquicos.

Crea una base para que el equipo de trabajo se sienta comprometido con la implementación efectiva del plan y los valores de igualdad de género.

Facilita la comunicación interna, promoviendo un sentido de pertenencia y responsabilidad compartida hacia el éxito del plan de igualdad.

SABÍAS QUE...

El informe de seguimiento puede ser un recurso valioso al ser compartido externamente, dado que puede reflejar el compromiso y liderazgo de la empresa en materia de igualdad de género, lo cual puede atraer a futuros empleados, colaboradores y clientes a que se vinculen con la organización por su posicionamiento positivo en temas de responsabilidad social y diversidad.

5.3. Metodología de evaluación

En el ámbito empresarial, para garantizar que los planes de igualdad logren los objetivos esperados, se debe contar con una metodología de evaluación que permita medir efectivamente el impacto y la eficacia de las acciones implementadas. En el desarrollo de un **marco analítico para evaluar los planes de igualdad,** hay que considerar que las intervenciones realizadas tienen que atender a aspectos como:

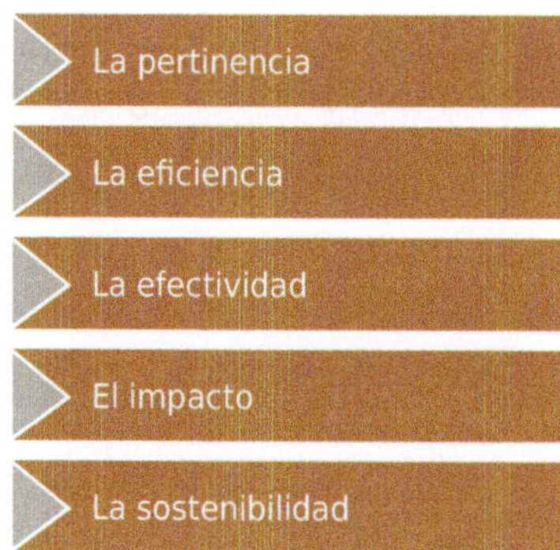

IMPORTANTE

La metodología de evaluación debe ser global y adaptada a las características específicas de cada plan y del contexto en el cual se implementa, y, además, debe integrar un enfoque de mejora continua que implica no solo valorar lo que se ha logrado, sino también identificar oportunidades de mejora a lo largo del tiempo.

Con la implantación adecuada de esta metodología de evaluación, las empresas pueden asegurar que sus planes de igualdad no solo cumplen con los requisitos legales, sino que realmente se traducen en una cultura corporativa justa e igualitaria.

A través de la evaluación, se realiza un **análisis del proceso integral** de elaboración e implantación del plan de igualdad en la organización. Con este análisis se persigue la consecución de una serie de objetivos:

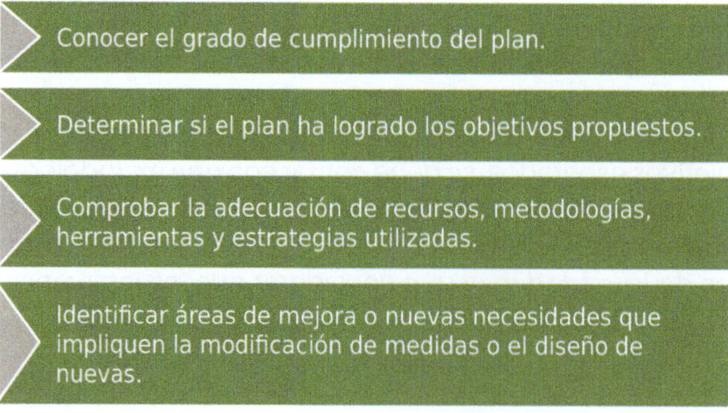

NOTA

La metodología de evaluación **debe integrar un enfoque de mejora continua,** lo que implica no solo valorar lo que se ha logrado, sino también identificar oportunidades de mejora a lo largo del tiempo.

Los **agentes que intervienen** en el proceso de evaluación son:

- **Dirección de la empresa.** Tiene la responsabilidad de garantizar la igualdad de oportunidades entre mujeres y hombres en la empresa, y de proporcionar los recursos adecuados.
- **Comisión de seguimiento.** Su función principal es analizar la información recibida sobre las actuaciones practicadas, los informes de seguimiento realizados y la información relacionada con la ejecución del plan durante su vigencia.
- **Representación legal de las personas trabajadoras.** Este agente recibirá información sobre el contenido del plan y el cumplimiento de los objetivos.
- **Miembros de la plantilla.** El personal de la empresa cumplimentará los cuestionarios que serán la base para la creación del informe de evaluación.

NOTA

En algunos casos, puede ser beneficioso involucrar a expertos externos que aporten una perspectiva imparcial y apoyen en la medición del impacto y la efectividad.

El proceso de evaluación comienza con la definición de los objetivos que se pretenden alcanzar, los cuales deben ser claros, específicos, medibles, alcanzables, relevantes y acotados en el tiempo. A partir de estos objetivos, se podrán establecer los indicadores de éxito que servirán para medir el grado de cumplimiento del plan.

Este proceso se articula en **tres ejes fundamentales** que aportan información específica de la implantación del plan. Según se desprende de la guía facilitada por el Instituto de las Mujeres, estos ejes son:

- **Evaluación de resultados:**
  - *Grado de cumplimiento de los objetivos planteados.*
  - *Grado de consecución de los resultados esperados.*
  - *Nivel de corrección de las desigualdades emprendidas.*
- **Evaluación de proceso:**
  - *Nivel de desarrollo de las acciones emprendidas.*
  - *Grado de dificultad encontrado y/o percibido en el desarrollo de las acciones.*
  - *Tipo de dificultades y soluciones aportadas.*
  - *Cambios producidos en las acciones y desarrollo del plan.*
  - *Grado de incorporación de la igualdad de oportunidades entre mujeres y hombres en la gestión de la empresa.*
- **Evaluación de impacto:**
  - *Cambios en la cultura empresarial: actitudes de la dirección y la plantilla, en las prácticas de recursos humanos...*
  - *Reducción de desequilibrios en la presencia y participación de mujeres y hombres.*

IMPORTANTE

El Real Decreto 901/2020 determina que se deben realizar como mínimo una evaluación intermedia y otra final, además de la que pueda establecer la comisión de seguimiento.

Para llevar a cabo el proceso de evaluación se deben seguir una serie de **pasos,** que son:

- **Definición de indicadores.** Los indicadores son herramientas esenciales para la evaluación sistemática. En el caso de los planes de igualdad, estos indicadores pueden clasificarse en cuantitativos y cualitativos.

Los primeros pueden incluir métricas como la proporción de mujeres en puestos directivos, diferencias salariales entre géneros y la frecuencia de talleres en igualdad de género; los segundos, aunque más complejos de medir, atrapan la percepción de la plantilla sobre la cultura organizacional o cambios en la satisfacción general con el ambiente de trabajo.

- **Recogida de datos.** La recopilación de datos es una etapa crítica en el proceso de evaluación. Es necesario contar con métodos y técnicas adecuados para recoger la información de manera confiable y ética. Las encuestas, los grupos de discusión y las entrevistas individuales son herramientas útiles para reunir datos relevantes. Adicionalmente, el análisis de datos internos existentes, como las estadísticas demográficas de la empresa y los informes salariales, representa una fuente valiosa de información.
- **Análisis de resultados.** El análisis debe realizarse teniendo en cuenta el contexto y los objetivos previamente definidos. A través de métodos estadísticos y cualitativos, se evaluará la información recogida para determinar si se están alcanzando las metas establecidas o si es necesario hacer ajustes en el plan. En este proceso también es importante identificar patrones, correlaciones y tendencias significativas que afecten al logro de los objetivos.
- **Retroalimentación y recomendaciones.** Basándose en el análisis de los resultados, se deben formular recomendaciones concretas que ayuden a mejorar la implementación y la operatividad del plan de igualdad. La retroalimentación debe ser constructiva, enfocándose en las áreas de mejora y reconocimiento de éxitos. Es importante que las recomendaciones sean prácticas y aplicables, ayudando a la gestión y al equipo encargado a ajustar las estrategias y las tácticas correspondientes.
- **Informe de evaluación.** La elaboración de un informe de evaluación es una parte esencial de la metodología. Este documento debe estructurar de manera clara y objetiva los hallazgos, los análisis y las recomendaciones del proceso de evaluación. Debe ser compartido con todos los actores involucrados en la implementación del plan, generando un espacio de transparencia y confianza dentro de la organización.

La evaluación de los planes de igualdad debe llevarse a cabo bajo estrictos principios éticos, especialmente por la sensibilidad de la información manejada y por la confidencialidad de las personas participantes en encuestas, entrevistas y grupos de discusión, que debe ser protegida, garantizando que la información recopilada no sea utilizada para fines discriminatorios.

Los **informes sobre las evaluaciones** (intermedia, final o cualquier otra acordada por la comisión) son elaborados por la comisión de seguimiento con la información recopilada. Estos se articulan en torno a los tres ejes ya mencionados: evaluación de resultados, de proceso y de impacto. Recogen información tanto cuantitativa como cualitativa sobre el plan de igualdad durante su vigencia, con el objetivo de mostrar una comparativa de la organización en materia de igualdad.

El informe de evaluación cuenta con la información necesaria para ser la base de un nuevo plan de igualdad, lo que demuestra que el proceso de elaboración del plan de igualdad es un proceso circular que tiene el fin y el comienzo en la información suministrada por el informe de evaluación.

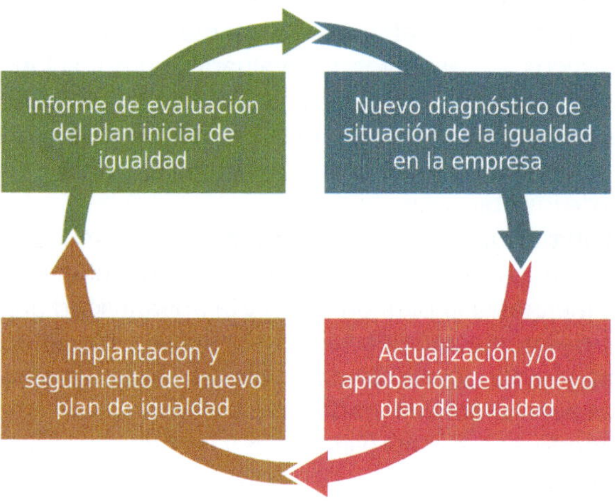

NOTA

La evaluación no debe considerarse una actividad que finaliza una vez evaluado un período específico, sino que debe concebirse como un proceso iterativo que se adapta a las nuevas realidades y necesidades organizacionales.

6. Descripción del proceso de registro y depósito del plan de igualdad

HILO CONDUCTOR

El plan de igualdad de la empresa WorldPrint ha sido elaborado por el equipo de igualdad conforme a las disposiciones reguladas en las normas legales y los conocimientos adquiridos en la formación recibida. Para finalizar con el proceso, una vez conseguido el acuerdo de aprobación del plan, el equipo gestiona su inscripción en el Registro de Planes de Igualdad y su Depósito.

La elaboración y la ejecución del plan de igualdad es un proceso que no se completa únicamente con la implementación de las medidas planificadas, sino que requiere de un paso adicional de gran relevancia: el **registro y el depósito del plan de igualdad.** Este paso, además de cumplir una función formal, asegura que el plan elaborado por la organización esté accesible para futuras consultas y revisiones por parte de la autoridad competente, así como para la sociedad en general, aumentando su transparencia y su fuerza vinculante.

El registro y el depósito de un plan de igualdad son procesos legales que formalizan el compromiso de una empresa con las medidas de igualdad de género que implementar. Este mecanismo no solo verifica que la empresa está cumpliendo con la normativa vigente, sino que también **refuerza su imagen de responsabilidad social corporativa** frente a sus empleados y empleadas, clientes, proveedores y otros grupos de interés.

En el ámbito empresarial, la elaboración y la ejecución de un plan de igualdad es un compromiso esencial para fomentar la equidad de género y avanzar hacia una sociedad más justa e inclusiva.

SABÍAS QUE...

Al registrar el plan de igualdad se envía un mensaje de conformidad y alineamiento con las leyes y normativas destinadas a garantizar la igualdad entre mujeres y hombres en el ámbito laboral.

La inscripción del plan en el registro público **es obligatoria,** con independencia de que su implantación fuera obligatoria o voluntaria, y de que haya sido, o no, fruto de un acuerdo entre las partes. Antes de presentar la solicitud de registro, es fundamental que el plan de igualdad haya sido revisado para comprobar que está conforme a los preceptos legales establecidos por la normativa vigente en esta materia, más concretamente por el ***Real Decreto 713/2010, de 28 de mayo,*** *sobre registro y depósito de convenios colectivos, acuerdos colectivos de trabajo y planes de igualdad.*

El procedimiento de registro y depósito consta de los siguientes pasos:

- **Presentación de la solicitud de inscripción.** El trámite de registro del plan de igualdad se inicia con la presentación, a través de medios electrónicos, de la correspondiente solicitud de inscripción por quien haya sido designado por la comisión como solicitante y en el plazo de los 15 días siguientes a la firma del plan.
  Esta va acompañada del texto original del plan firmado por la comisión negociadora, las actas de las reuniones celebradas (incluidas la de la constitución de la comisión y la de la firma del plan) y la hoja estadística del plan de igualdad conforme al modelo oficial.
  La presentación se realiza ante el órgano oficial designado para este fin; en España se formaliza ante el Registro y Depósito de Convenios Colectivos, Acuerdos Colectivos de Trabajo y Planes de Igualdad (REGCON) o ante la autoridad laboral competente de la comunidad autónoma correspondiente.
- **Verificación de cumplimiento normativo.** Una vez presentada la solicitud, el organismo competente procederá a verificar la conformidad del plan de igualdad con la normativa vigente. Si se comprueba que existen incumplimientos, este solicita por medios electrónicos los ajustes necesarios al documento presentado, para que sean subsanados en el plazo de 10 días. Si el solicitante no resuelve las incidencias localizadas, el organismo da por desistida la petición de inscripción.
- **Consulta y seguimiento de la tramitación.** A partir de la presentación de la solicitud, el solicitante puede consultar y realizar un seguimiento

del expediente administrativo abierto en el organismo competente. La información que se suministra en la consulta es:

- La fecha de la solicitud.
- El estado del expediente administrativo asociado a la solicitud.
- Los plazos máximos de resolución de procedimientos, notificación de actos que den fin al procedimiento y los efectos que produce el silencio administrativo.

- **Comunicación y resolución de errores en la inscripción.** Cuando la autoridad laboral competente estime que el plan de igualdad contraviene alguna normativa vigente o perjudica los intereses de terceros, enviará a la comisión negociadora una comunicación de oficio en la que constarán de forma expresa las normas y los intereses vulnerados.
La norma establece respecto a la subsanación de defectos que:

  - Los errores u omisiones observados en los asientos e inscripciones electrónicos se subsanarán de oficio o a petición del interesado; contra la negativa a la misma podrá reclamarse ante la autoridad inmediata superior de quien dependa la que tuviere a su cargo el registro y la resolución que se dicte pondrá fin a la vía administrativa.

- **Resolución y depósito.** Tras el proceso de revisión, la autoridad laboral emite una resolución para proceder al registro, el depósito y la publicación en el boletín oficial respectivo. De esta forma, el plan se configura como un documento de acceso público y se cumple con la obligación de publicidad de este.
Una vez realizadas la inscripción y la publicación del plan de igualdad por parte de la autoridad laboral, se asigna un código conforme al Anexo 3 del Real Decreto 713/2010, que será atribuido al plan de forma específica y diferenciada.

IMPORTANTE

El modelo de la hoja estadística que acompaña a la solicitud de inscripción del plan de igualdad se encuentra recogido en el anexo 2.V del Real Decreto 713/2010, de 28 de mayo.

ACTIVIDAD COMPLEMENTARIA

9. Accede a la página web de REGCON y explica brevemente cómo se realiza el proceso de inscripción.

La inscripción del plan de igualdad genera un **apunte electrónico en el registro de la autoridad laboral competente** que lo ha gestionado. Este debe ser remitido por medios electrónicos a la base de datos centralizada, en el plazo de ocho días, junto con los datos estadísticos, si es necesario. De igual forma, la autoridad laboral debe enviar, por medios electrónicos y en el mismo plazo, los enlaces de los boletines donde se ha dado publicidad al plan de igualdad.

La aplicación de la base de datos central permite a la empresa realizar consultas y tener acceso público a la información que se recoge en ella, aplicando en todo momento las normas sobre protección de datos.

PARA SABER MÁS

Puede darse el caso de que el plan de igualdad no haya sido negociado por alguna causa y la empresa quiera registrarlo. Accede al siguiente vídeo donde se explica cómo debes proceder:

https://redirectoronline.com/ctri00090808

7. Resumen

El acto de **negociación colectiva del plan de igualdad** es un proceso esencial para alcanzar un acuerdo equitativo y requiere de la implicación activa de todas las partes, garantizando que los plazos y los procedimientos se manejen de manera efectiva. La planificación estratégica que culmina en un calendario de implementación bien estructurado, junto con protocolos de actuación claros, asegura que el plan vaya más allá del mero documento formal, convirtiéndose en un instrumento dinámico de cambio.

La eficacia de la negociación y la implementación dependen en gran medida de las competencias desarrolladas por la **comisión negociadora,** cuyos roles bien definidos y capacitados preparan el terreno para abordar las complejidades del plan. Con carácter general, esta comisión estará formada por los siguientes agentes, que cuentan con derechos y obligaciones bien definidos y competencias en materia de negociación:

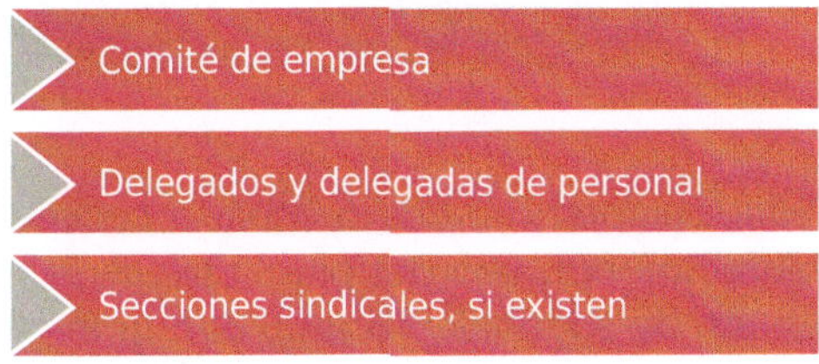

Los elementos imprescindibles que deben conformar el contenido del plan se han de adaptar a las necesidades específicas de cada organización, cumpliendo la normativa vigente. El Real Decreto 901/2020, de 13 de octubre, que recoge el reglamento de desarrollo de los planes de igualdad define su **contenido mínimo:**

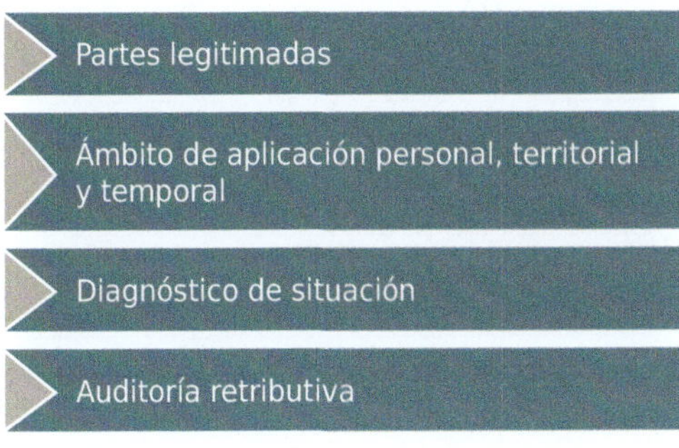

Continúa en página siguiente >>

<< Viene de página anterior

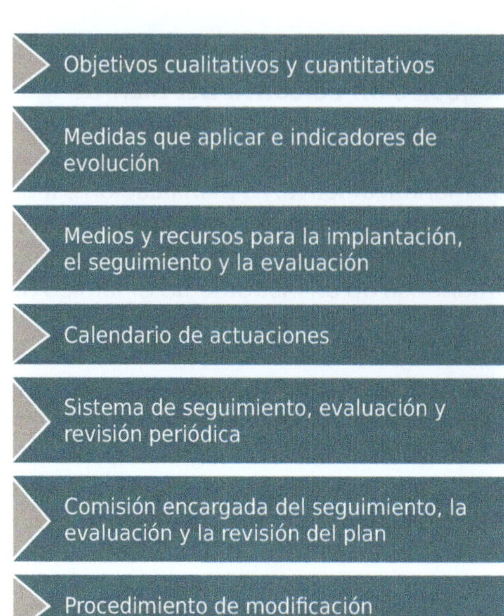

Además, es vital comprender cómo llevar a cabo un **proceso de seguimiento y evaluación** riguroso del plan, utilizando metodologías adecuadas e indicadores de seguimiento que, con la implicación de las partes, culminen en la elaboración de informes detallados. Estos informes no solo reflejan el progreso, sino que también contribuyen a una mejora continua, nutriendo el ciclo de retroalimentación que fortalece el enfoque hacia la igualdad.

El proceso de evaluación sigue estos pasos:

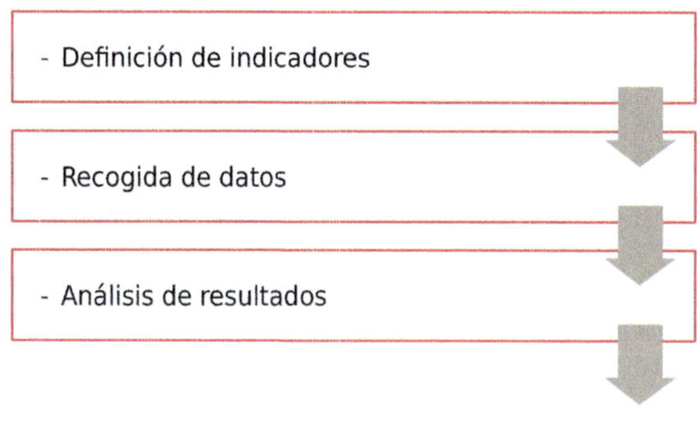

Continúa en página siguiente >>

<< Viene de página anterior

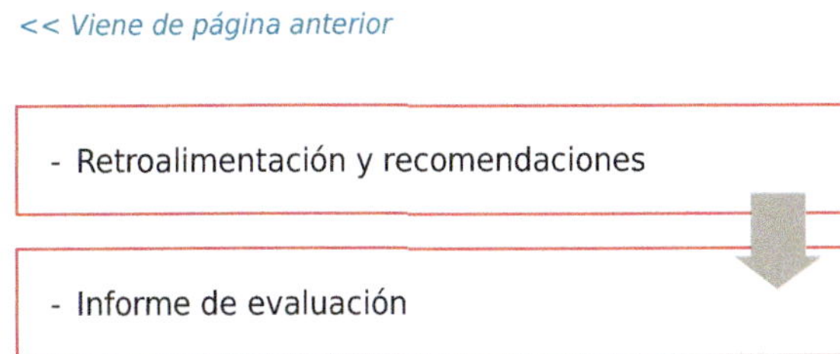

Finalmente, se aborda el **proceso de registro y depósito del plan de igualdad,** asegurando su acceso y transparencia mediante el cumplimiento de la documentación requerida. El Real Decreto 713/2010, de 28 de mayo, desarrolla la tramitación del registro del plan de igualdad a través de las siguientes acciones:

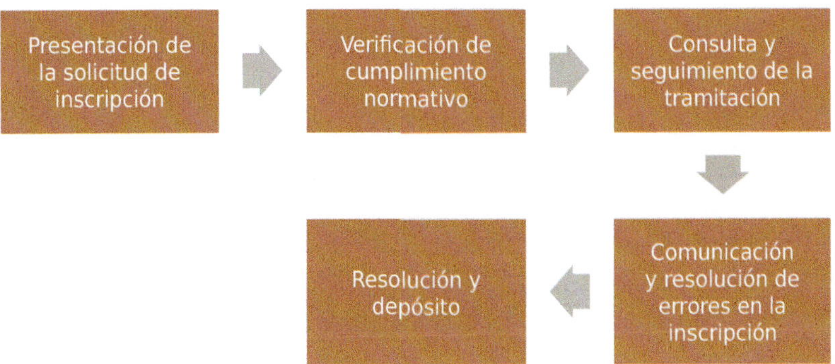

Ejercicios de autoevaluación Unidad de Aprendizaje 8

1. Si una empresa alcanza las 51 personas trabajadoras en plantilla, ¿qué plazo tiene para iniciar el procedimiento de negociación del plan de igualdad?

a. No tiene plazo, aunque está obligada a hacerlo con la máxima diligencia.
b. Un año desde el alta en la Seguridad Social de la persona trabajadora número 51.
c. Tres meses desde que está obligada a implantar el plan de igualdad.
d. Este procedimiento no es obligatorio y su plazo no está definido.

2. Los representantes de las personas trabajadoras que forman parte de la comisión negociadora están compuestos por:

a. Comité de empresa
b. Secciones sindicales
c. Comité intercentros
d. Delegados y delegadas de personal

3. ¿Qué apartados forman parte del contenido mínimo de la estructura básica del plan de igualdad?

a. Auditoría económica.
b. Procedimiento de modificación.
c. Calendario de actuaciones.
d. Partes legitimadas.

4. ¿Qué características tiene el diagnóstico de situación inicial del plan de igualdad?

a. Tiene como finalidad detectar en la empresa las desigualdades conforme al género.
b. Entre los aspectos del ámbito laboral que estudia está la prevención del acoso sexual y acoso por razón de sexo.

c. En el supuesto de grupos de empresas, se debe realizar un informe del diagnóstico por cada entidad que lo forman.
d. Consiste únicamente en series de análisis cuantitativos en términos de igualdad.

5. Indica si la siguiente afirmación es verdadera o falsa: "La vigencia de la auditoría retributiva debe coincidir siempre con la vigencia del plan de igualdad".

- Verdadero
- Falso

6. Determina si la siguiente afirmación es verdadera o falsa: "El proceso de seguimiento y evaluación permite observar la evolución de las acciones planificadas, garantizando que se están cumpliendo los pasos para alcanzar las metas establecidas".

- Verdadero
- Falso

7. Indica si la siguiente afirmación es verdadera o falsa: "Los indicadores KPI son encuestas de satisfacción y clima laboral que ayudan a captar experiencias sobre la igualdad de género en la empresa".

- Verdadero
- Falso

8. Los indicadores de seguimiento del plan que cuantifican los cambios en materia de igualdad en la empresa son...

a. ... de impacto.
b. ... de resultado.
c. ... de proceso.
d. ... de sistema.

9. ¿Qué objetivo persigue el proceso de evaluación?

a. Fomentar la participación activa de todos los niveles jerárquicos.
b. Conocer el grado de cumplimiento del plan.

c. Analizar e interpretar los datos.
d. El compromiso de la empresa en materia de igualdad, con los agentes externos.

10. ¿Cuándo hay que presentar la solicitud de inscripción para iniciar el trámite de registro del plan de igualdad?

a. Un mes antes del proceso de evaluación.
b. Al año de aprobarse el plan.
c. Este trámite no tiene plazo.
d. A los 15 días siguientes a la firma del plan.

Glosario

Acoso por razón de sexo
Situación en la que se produce un comportamiento relacionado con el sexo de una persona, con el propósito o el efecto de atentar contra su dignidad y de crear un entorno intimidatorio, hostil, degradante, humillante u ofensivo.

Acoso sexual
Cualquier comportamiento, verbal o físico, de naturaleza sexual que tenga el propósito o produzca el efecto de atentar contra la dignidad de una persona, en particular cuando se crea un entorno intimidatorio, hostil, degradante, humillante u ofensivo.

Acta
Escrito que relata lo sucedido en una reunión.

Auditoría retributiva
Proceso por el cual se obtiene la información necesaria para comprobar si el sistema de retribución de una organización cumple con el principio de igualdad entre mujeres y hombres.

Autoconcepto
Grupo de características de las que cada una de ellas es necesaria y el conjunto de todas es suficiente para identificarse a uno mismo como diferente del resto de las personas.

Brecha de género
Diferencia entre la tasa masculina y la femenina de una determinada variable.

Confidencialidad
Cualidad de confidencial (que se mantiene el secreto de algo).

Conflicto
Desacuerdo entre personas.

Cronograma
Representación gráfica de los elementos que integran un proyecto y su fecha de duración (inicio y fin).

Desigualdad
Diferencia social en que se encuentran unos sujetos frente a otros.

Discriminación
Situación en que se encuentra una persona que por razón de su sexo sea tratada de forma menos favorable que otra en su misma situación.

Discriminación directa
Situación en que una persona es tratada por razón de sexo de manera menos favorable que otra en situación comparable.

Discriminación indirecta
Situación en que una disposición neutra sitúa a personas de un sexo determinado en desventaja con respecto a las del otro sexo.

Empírico
Está basado en la experiencia y en la observación de los hechos.

Enfoque
Acción dirigida a prestar atención o interés hacia un asunto o problema con el objetivo de intentar solucionarlo correctamente.

Estereotipo
Percepción exagerada y con pocos detalles que se tiene sobre una persona.

Hostil
Actitud con la que se muestra una postura contraria hacia otra persona.

Humillante
Que humilla.

Infracción
Incumplimiento de una norma legal.

Interministerial
Relación entre ministerios.

Legitimado
Participio del verbo legitimar (capacitar a alguien para desempeñar un oficio).

Masculinizado
Que cuenta con características consideradas propias de los hombres.

Menosprecio
Desprecio hacia otra persona.

Movilidad funcional
Modificación de las tareas de un trabajador o de una trabajadora.

Obsceno
Que es grosero en el ámbito sexual y ofende a la otra persona.

Ofensivo
Que es utilizado para ofender o atacar.

Patriarcal
Del patriarca (hombre que, por su experiencia, ejerce la mayor autoridad en una comunidad).

Perspectiva de género
Tener en consideración y prestar atención a las diferencias entre mujeres y hombres en cualquier actividad de una política o acción.

Plantilla
Conjunto de personas trabajadoras de una organización.

Potestad
Poder que se tiene sobre algo.

Procrastinación
Acción y efecto de procrastinar (aplazar).

Progenitor/a
Sinónimo de padre o madre.

Promulgar
Publicar un texto de forma legal para darlo a conocer al resto de la sociedad.

Protocolo
Conjunto de reglas que rigen una actuación concreta.

Racional
Está basado en la razón.

Rol
Función que desarrolla un sujeto en una situación concreta.

Sanción
Pena aplicada al sujeto que infringe la norma.

Sección sindical
Grupo de personas trabajadoras que pertenecen a una organización y están afiliados a un mismo sindicato.

Sensibilización
Influencia sobre una persona para que capte la importancia de algo.

Sistemático
Que está ajustado a un sistema.

Viabilidad
Posibilidad de hacer algo.

Bibliografía

Monografías

→ ÁLVAREZ Noriega, M.: *Impulso de la igualdad de oportunidades entre mujeres y hombres*. Antequera: IC Editorial, 2021.

Libro interesante que incluye los puntos clave para fomentar la igualdad de género en la empresa.

→ CANDAMIO Boutureira, J. J.: *Protocolo para la prevención y el tratamiento del acoso sexual y/o por razón de sexo en el trabajo. Paso a paso*. A Coruña: Editorial Colex, 2021.

Guía para la elaboración del protocolo de prevención del acoso sexual y por razón de sexo en el ámbito laboral, en la que se ofrecen pautas y herramientas útiles bajo el cumplimiento de la normativa vigente en esta materia.

→ JIMÉNEZ García, A.: *Plan de igualdad. Desarrollo, implantación, seguimiento y evaluación. ADGD204PO*. Antequera: IC Editorial, 2025.

Especialidad formativa en la que se desarrollan las distintas fases para la elaboración y la implantación del plan de igualdad en la empresa.

Textos electrónicos, bases de datos y programas informáticos

→ Instituto de las Mujeres, de: <https://www.inmujeres.gob.es/>.

Página web nacional del Instituto de las Mujeres en la que se puede encontrar información muy diversa relacionada con el ámbito de la igualdad en los distintos escenarios donde se puede aplicar.

→ Ministerio de Igualdad, de: <https://www.igualdad.gob.es/>.

Página web del Ministerio de Igualdad integrada por enlaces a organismos relacionados con este ámbito, además de noticias, normativas e información institucional.

Legislación

- → Ley Orgánica 3/2007, de 22 de marzo, para la Igualdad Efectiva de Mujeres y Hombres.

  Normativa que regula el derecho de igualdad de trato y de oportunidades entre mujeres y hombres, mediante la eliminación de la discriminación de la mujer en cualquiera de los ámbitos de la vida.

- → Ley 15/2022, de 12 de julio, Integral para la Igualdad de Trato y la no Discriminación.

  Normativa que persigue garantizar y promover el derecho a la igualdad de trato y no discriminación, así como el respeto a la igualdad de la dignidad de las personas.

- → Real Decreto Legislativo 2/2015, de 23 de octubre, por el que se aprueba el texto refundido de la Ley del Estatuto de los Trabajadores.

  Normativa que regula derechos y obligaciones en el ámbito de las relaciones laborales, tanto para las personas trabajadoras como para las organizaciones.

- → Real Decreto 901/2020, de 13 de octubre, por el que se regulan los planes de igualdad y su registro y se modifica el Real Decreto 713/2010, de 28 de mayo, sobre registro y depósito de convenios y acuerdos colectivos de trabajo.

  Normativa que tiene por objeto el desarrollo reglamentario de los planes de igualdad y su registro en consonancia con la Ley Orgánica 3/2007.

- → Real Decreto 902/2020, de 13 de octubre, de Igualdad Retributiva entre Mujeres y Hombres.

  Normativa que tiene por objeto el desarrollo reglamentario de la igualdad retributiva en consonancia con la Ley Orgánica 3/2007 y el Estatuto de los Trabajadores.